Michiaki und Hildegard Horie

Auf der Suche nach dem verlorenen Vater

R. BROCKHAUS VERLAG
WUPPERTAL UND ZÜRICH

ABCteam

ABCteam-Bücher erscheinen in folgenden Verlagen:

Aussaat- und Schriftenmissions-Verlag Neukirchen-Vluyn
R. Brockhaus Verlag Wuppertal und Zürich
Brunnen Verlag Gießen (und Brunnquell Verlag)
Christliche Verlagsanstalt Konstanz (und Friedrich Bahn Verlag/Sonnenweg-Verlag)
Christliches Verlagshaus Stuttgart (und Evangelischer Missionsverlag)
Oncken Verlag Wuppertal und Kassel

Umschlaggestaltung: Carsten Buschke, Solingen
Umschlagfoto: Pfaff – ZEFA, Düsseldorf
Gesamtherstellung: Breklumer Druckerei Manfred Siegel KG
ISBN 3-417-12419-0

VORWORT

Die Erde wird von Schreckensmeldungen geschüttelt. Perversionen werden gesetzlich geschützt und Unmoral gesellschaftsfähig gemacht. So taumelt die Menschheit erschöpft auf eine Katastrophe apokalyptischen Ausmaßes zu. Die Zersetzung aber beginnt im Keim, der Familie und breitet sich aus wie eine nicht mehr einzudämmende Flut.

Ratgeber gibt es genug. Und Unheilspropheten künden den nahen Untergang an.

Aber wo ist das Heilmittel für eine tödlich verwundete Welt? Hat diese Welt überhaupt noch Zukunft? Und wenn ja, wie wird diese Zukunft sein? Das Morgen entscheidet sich heute. So wird das 21. Jahrhundert jetzt programmiert.

In den großen Städten sammelt sich ein ständig wachsendes Heer junger Menschen, die als Aussteiger irgendwo am Rande dahinvegetieren, psychische Krüppel, unfähig, sich den Anforderungen des Lebens zu stellen.

Wenn wir diese destabilisierten jungen Menschen sehen, taucht die Frage auf: Wodurch sind sie geworden, was sie jetzt sind? Verwundet. Allein gelassen. Ohne Orientierung. Ohne Ziel. Ohne Hoffnung. Ohne Heimat. Innerlich entwurzelt. Bereit, alles niederzutreten. Immer auf der Suche nach dem verlorenen Vater.

Was wurde versäumt? Und was kann geschehen, damit diese Menschen wieder lebensfähig werden mit einer Hoffnung, für die zu leben sich lohnt? Mit einer Zukunft, die verborgene, aufbauende Kräfte mobilisiert und nicht im Keime erstickt?

Und dann gibt es die anderen: junge Menschen, die hoffen und bereit sind, sich einzusetzen, auf eigenen Vorteil zu verzichten. Und wieder fragen wir: Wodurch sind sie geworden, was sie jetzt sind? Was unterscheidet sie von den anderen?

Sie haben ein Zuhause. Eine innere Stabilität. Ein Ziel. Und damit eine Hoffnung, die ihnen Kräfte verleiht.

Sooft junge, orientierungslose Menschen in der Sprechstunde Rat suchen, fragen wir uns: Wo waren ihre Väter? Und wer waren sie?

Es sind im Laufe der letzten Jahre und Jahrzehnte viele Arbeiten über die Mutter geschrieben worden, vor allem über das Versagen der Mutter. Aber nach der Bedeutung des Vaters wurde wenig gefragt.

Die »vaterlose Gesellschaft« ist längst zu einem Modebegriff geworden. Doch auch wenn der Vater noch – zumindest auf dem Papier – der Familie zugeordnet ist, bleibt doch die Frage: Ist er wirklich der Vater? Wird er seiner Aufgabe gerecht?

Die Werbeindustrie zeigt ihn lächelnd, wenn er für seine Familie den erforderlichen Versicherungsbeitrag zahlt, um sie vor unvorhergesehenem Schaden zu schützen, oder wenn er mit Hilfe der Bausparkasse ein Haus im Grünen finanziert, um seinen Kindern eine glückliche Zukunft zu erschließen. Aber ist damit seine Aufgabe erfüllt? Hat damit seine Verantwortung ein Ende?

Das vorliegende Buch soll zum Nachdenken anregen und auf der einen Seite zeigen, welche Kräfte den Vater in diese Außenseiterrolle gedrängt haben und auf der anderen Seite die Väter ermutigen, ihre Rolle als Vater ganz neu zu entdecken.

Erfahrungsgemäß wird der Vater freiwillig sich kaum für ein Buch entscheiden, hinter dem er eine geheime Aufforderung vermutet; ein Buch, das ihm vorzuschreiben scheint, wie er sich zu verhalten hat oder gar sein Versagen auflistet. Manchmal braucht daher der Vater einen kleinen Anstoß durch die Mutter. Doch sei von vornherein gesagt, daß wir keinen Verhaltenskodex aufstellen wollen. Wir möchten vielmehr nur einige Gedanken und Beobachtungen weitergeben, die zum Nachdenken anregen können.

Vielleicht sogar werden Vater und Mutter sich gemeinsam beim Lesen dieses Buches über ihre eigenen Erfahrungen und Ziele austauschen, so daß auf diese Weise das Gespräch zwischen den Eltern neu belebt wird. Wenn das geschieht, sind diese Zeilen nicht vergeblich gewesen. Und das wünschen wir Ihnen – und uns.

INHALT

EINLEITUNG

Das Wort »Vater« ruft sehr unterschiedliche Reaktionen hervor. Dabei wird deutlich, daß die eigene Erfahrung eine entscheidende Rolle spielt.

In der Sprechstunde stellen wir fest, daß es für die meisten Ratsuchenden schwierig ist, mit dem Begriff Vater positive Gefühle zu verbinden. Der Vater gleicht eher einem Schreckgespenst oder einem blinden Fleck. Er ist der Narr, der Tölpel, voller Eifersucht oder der Trunksucht ergeben; eine tragische Figur oder hoffnungslos gescheiterte Existenz, die allenfalls Mitleid erregt, aber keine Bewunderung verdient. An solch einem Vaterbild ist nichts Liebenswertes, nach dem man sich ausstrecken würde, auf das man stolz sein könnte.

In der modernen Literatur kommt dieses negative Vaterbild sehr kraß zum Ausdruck. Um das Wort Vater zu vermeiden, wird es immer häufiger durch den Begriff »Erzeuger« ersetzt. Väter werden zwar biologisch als notwendig angesehen, »sozial aber als Katastrophe« erlebt, so daß schließlich der Ruf nach der Selbstbefruchtung der Frau laut wird, um den Vater gänzlich überflüssig zu machen.[1]

In der Psychologie spricht man von der ödipalen Phase, jener Phase, in der ein Mensch den Vater ausschalten möchte, um die erstrebte eigene Vereinigung mit der Mutter verwirklichen zu können. So scheint die heutige Gesellschaft eine chronische Vaterallergie an den Tag zu legen, die schließlich im Vatermord gipfelt. Dieser Vatermord hat tausend verschiedene Gesichter und begegnet uns Tag für Tag. Ja, selbst über den Tod hinaus verfolgt den Vater nicht selten blinder Haß, so wie es in Peter Härtlings Buch »Die Väter« zum Ausdruck gebracht wurde: »Seit über dreißig Jahren tot, verdirbt er mir immer noch mein Leben«.[2]

Und wenn diese Söhne selbst Väter werden – welch ein Vaterbild werden sie ihren eigenen Kindern vermitteln?

Wer mit seinen innersten Haßgefühlen nicht umzugehen gelernt hat, kann seinen Kindern kein Vaterbild zeigen, das etwas Wohltuendes ausstrahlt, Begehrenswertes, ein Bild, das liebenswert ist.

Selbst in den Schulbüchern spiegelt sich vielfach der angestaute Groll wieder.[3]

Als hätte man endlich einen Schuldigen für die eigene Misere gefunden, einen, an dem man seine Wut austoben kann. Da werden Kinder gelehrt, ihre Väter zu hassen und ihnen ihren Unmut ungeschminkt ins Gesicht zu schreien. Und die Enttäuschung am eigenen Versagen wird so dem andern zugeschoben. Erfüllt sich hier nicht die Prophetie Jesu, daß sich »die Kinder gegen ihre Eltern empören«?[4]

Haß. Empörung. Auflehnung. Bitterkeit. Entzweiung. Der Vater erscheint nicht nur überflüssig, sondern ein Hindernis auf dem Weg zur freien Entfaltung.

Aber ohne Vater kann ein Volk nicht leben. Daher ist es nicht verwunderlich, daß destabilisierte Menschen, die ihren eigenen Vater ablehnen oder nie gekannt haben, nach einem Vater-Ersatz verlangen. Sie suchen Sicherheit und Liebe. Sie suchen eine starke Hand, der sie sich anvertrauen können. Sie suchen ein Zuhause, in dem sie sich geborgen wissen.

Es ist die Suche nach dem verlorenen Vater.

So pilgern junge Menschen zu Tausenden nach Indien, um sich einem Guru auszuliefern, der Geborgenheit und Leitung verheißt, oder beten jene mystischen Gestalten an, die den enttäuschten Menschen in eine Scheinwelt entführen und ihm ein Paradies verheißen, das dann zur Hölle wird.

Wenn wir die Verbitterung im Leben vieler junger Menschen sehen, all die enttäuschten Hoffnungen, dann wird dahinter der Ur-Schrei der Menschheit hörbar. Wie das verzweifelte Rufen eines Kindes, das sich verirrt hat und mit der Angst seines Alleingelassenseins nicht mehr zurecht kommt. Wenn jetzt der Vater hervortreten würde, das Kind wüßte sich geborgen. Schon der Schatten würde genügen, der Schatten des Vaters, der das Kind wissen läßt: Er ist da. Seine Nähe wäre genug, um die Angst verstummen zu lassen.

Inmitten einer hektischen Entwicklung und grenzenlosen Verirrung lebt ein verborgenes Wissen, das tief in der Menschheit schlummert – es ist wie ein Ahnen, ein allmähliches Erwachen – die Wiederentdeckung des Vaters ...

Erster Teil

I. Das negative Vaterbild und sein Einfluß auf die Persönlichkeitsentwicklung des Kindes

1. Der beschäftigte Vater oder: Ich habe keine Zeit

Nicht nur der Geschäftsmann mit seinem dicht beschriebenen Terminkalender, auch der Pfarrer versucht, noch einen weiteren Termin dazwischen zu drücken – er seufzt – aber wenn er den Kalender hervorholt, schwingt heimlicher Stolz mit. Das Bewußtsein, gefragt zu sein, am Rennen teilnehmen zu können. Und seine Familie? Die muß sich damit abfinden, daß die Gemeinde Vorrang hat. Ja, tut er es letztlich nicht für Gott?

Auch der Beamte und Angestellte will »in« sein und verplant die Woche. Da ist die Mitgliederversammlung und das Sportclubtreffen, die Skatrunde und das Treffen vom Tierschutzverein oder das gewohnte Stammtischtreffen. Und schließlich gibt es noch Gelegenheit, nebenbei ein bißchen Geld dazu zu verdienen für das neue Auto. Zwar ist das alte noch nicht ganz abgezahlt, aber mit dem auslaufenden Typ mag er sich unter den Kollegen kaum noch sehen lassen – zumal sein Untergebener einen schnelleren Wagen fährt als er ...

Und dort sitzt der Chef über seine Akten gebeugt. Der Arzt hat ihm dringend zur Kur geraten, um einem Herzinfarkt vorzubeugen. Die Familie wird wohl einige Wochen auf ihren Vater verzichten müssen. Aber die hat ohnehin längst resigniert und ihr Leben ohne den Vater gestaltet ...

Und der Arzt selbst? Er belegt noch einen Sonderkurs im Ausland, um später bessere Aufstiegschancen zu haben. Schließlich kommt es nicht nur den Patienten, sondern auch der Familie zugute – irgendwann, spätestens wenn er pensioniert ist. Aber dann sind die Kinder aus dem Haus. Dann brauchen sie ihren Vater nicht mehr. Er prahlt mit dem Wort »workaholik«[1], als wäre es eine Ehrenmedaille, die man ihm umgehängt hat. Und im Bekanntenkreis brüstet er sich gar damit: »Meine Kinder habe ich schon seit Wochen nicht mehr gesehen. Die wissen kaum noch, wie ihr Vater aussieht.« Sie wachsen heran; sie können nicht warten, bis ihr Vater sich an sie erinnert ...

Der Vater versucht, sich zu rechtfertigen: Ist er es nicht, der das Brot verdient? Tut er nicht alles, damit es seine Kinder einmal besser haben als er? Er hatte nicht das Glück, schon als Kind in Afrika und Indien gewesen zu sein. Er hatte keinen Computer, keinen eigenen Fernsehapparat. Kein so großzügiges Taschengeld, das er für sich selbst ausgeben konnte. Ist er nicht ein vorbildlicher Vater? Eigentlich könnten sie stolz sein auf ihn. Eigentlich ... Aber offensichtlich sind sie es nicht.

Der beschäftigte Vater ist heute ein weit verbreitetes Problem. Die Arbeit nimmt ihn gefangen. Und er weiß nicht, wie er sich den vielerlei Aufgaben und Verpflichtungen entziehen soll und all den unterschiedlichen Erwartungen gerecht werden könnte. Ist er nicht verantwortlich? Nicht nur für seine Familie?

Auch im Beruf werden Erwartungen an ihn gestellt. Es gilt, der Konkurrenz standhalten zu können. Wenn er seinen Arbeitsplatz verliert – es sind genug, die nur darauf warten, seinen Posten zu übernehmen. Wem wäre dann geholfen? Er muß arbeiten. Geld verdienen. Die Zinsen für das große Haus fressen ihn auf; und dann die Steuern, die Versicherungen, all die Verpflichtungen, die er eingegangen ist ... Seine Zukunft muß gesichert sein, schon um der Kinder willen. Was also soll er tun? Von der Arbeitslosenunterstützung allein kann er die Ansprüche, die seine Familie an ihn stellt, auch nicht erfüllen. So hat er nicht einmal Zeit, an sich selbst zu denken.

Und wenn er Zeit hätte? (Würde er dann nicht nach einer anderen Möglichkeit suchen, sie wieder zu füllen?)

Warum hat er den zusätzlichen Termin angenommen? Warum hat er nicht »nein« gesagt, als der Kollege ihn noch zu einem Glas Bier einlud. Wußte er nicht, daß er den Kindern versprochen hatte, heute früher zu kommen?

Er sagt zwar: »Das tue ich für euch« – aber war da nicht auch die heimliche Befürchtung, den anderen zu enttäuschen? Nicht mehr beliebt zu sein? Also Angst, von dem anderen nicht anerkannt zu werden. So ging es ihm um die eigene Anerkennung mehr als um die Verantwortung seiner Familie gegenüber. Er suchte Bestätigung für sich selbst. Aber das will er nicht zugeben, darum braucht er andere Gründe, um sein Tun zu rechtfertigen. Bis er es selber glaubt, nicht anders hätte handeln zu können.

Aber – warum sieht das seine Familie nicht?

Der Vater befindet sich häufig in einer inneren Zerreißprobe. Er wird am Arbeitsplatz gefordert, und zu Hause wartet die Familie auf ihn. Und er weiß nicht, wie er beiden gerecht werden kann. Für wen soll er sich entscheiden?

Die Frustrationsausbrüche in der Familie werden immer unerfreulicher. Automatisch muß die Mutter zusätzlich den Platz des Vaters einnehmen. Sie wehrt sich dagegen, grollt und macht ihm Vorwürfe. Es kommt immer häufiger zu Spannungen und Auseinandersetzungen. Sie wird bitter gegen ihren Mann. Sie fühlt sich vernachlässigt. Und dadurch, daß sie sich vernachlässigt fühlt, hat sie keine Kraft, in Ruhe auf die Kinder einzugehen. Sie wird nervös, schreit die Kinder an und läßt – unbewußt – ihre verdrängten Aggressionen an den Kindern aus. Sie nörgelt an ihnen herum, verhält sich unkontrolliert, so daß die Kinder derartigen Ausbrüchen ratlos gegenüber stehen. Schließlich gibt die Frau auf – und flieht. Sei es, daß sie eine andere Freundschaft eingeht oder eine Arbeit außerhalb des Hauses sucht, durch die auch sie Anerkennung erhält. Jetzt glaubt sie, endlich ihrem Mann beweisen zu können, daß sie ihn nicht braucht, daß sie auch ohne ihn ihr Leben sinnvoll gestalten kann – oder sie flieht in die Depression und versucht auf diese Weise – unbewußt – ihren Mann zu bestrafen.

Die Kinder aber wachsen ohne Vater heran. Auch sie sind unzufrieden – und werden rebellisch. So ist die Spaltung in der Familie bereits vorprogrammiert. Es muß nicht bis zur letzten Konsequenz einer Ehescheidung führen; der Bruch kann auch zu einem chronischen Dauerzustand werden, in dem Mann und Frau sich nichts mehr zu sagen haben. Sie haben sich innerlich auseinandergelebt. Die Bitterkeit hat eine Mauer zwischen beiden errichtet. Und jeder glaubt, im Recht zu sein. – Am meisten betroffen aber sind die Kinder. Sie sind haltlos. Ohne feste Orientierung.

Dieses Schema wiederholt sich millionenfach innerhalb der Familien. Und wenn der Vater endlich erwacht – ist es häufig schon zu spät.

So war es auch bei jenem Geschäftsmann, der in die Praxis kam. Er war in den mittleren Jahren. Arbeitsam und gewissenhaft. Wie er glaubwürdig berichtete, hatte er sein Leben lang hart gearbeitet, um das Geschäft aufzubauen. Jede Mark hatte er auf die Seite gelegt und schließlich zwei Häuser errichtet. Das eine hatte er für sich und seine Frau gedacht, das andere sollte später den Kindern zugute kommen. Nach 25 Jahren Ehe wurde er von seiner Frau vor die Tatsache gestellt, daß sie sich scheiden lassen wollte. Sein Freund hatte die Frau an den langen Abenden der Einsamkeit getröstet. Bei ihm fand sie das, wonach sie sich bei ihrem Mann vergebens gesehnt hatte: Zeit und Zuwendung und ein bißchen Verstehen. Hinzu kam, daß er seine Kinder nicht mehr verstand. Hatte er bis dahin geglaubt, es seien noch immer die »süßen Kleinen«, so mußte er jetzt feststellen, daß aus seinen Kindern kleine Erwachsene geworden waren, die ihren Weg ohne ihren Vater gesucht hatten. Er war so sehr mit dem Aufbau seines Geschäftes beschäftigt, daß er gar nicht gefragt hatte, wo sich seine Kinder an den langen Abenden aufhielten und mit wem sie zusammen waren. Als eines Tages die Tochter wegen ihrer Heroinsucht straffällig geworden war und der Sohn sich ins Ausland abgesetzt hatte, war es zu spät.

Wie oft hatte die Mutter in all den Jahren ihren Mann gebeten, sich Zeit zu nehmen für die Kinder, gemeinsam etwas zu unternehmen, nicht nur stundenlange Autofahrten; gemeinsam etwas gestalten oder einfach eine gemeinsame Wanderung mit einem Picknick ... Aber das alles war ihm lästig gewesen. Er wollte in der wenigen freien Zeit, die ihm blieb, seine Ruhe. Schließlich mußte er die Häuser abzahlen und die Steuern für das Geschäft aufbringen. Und er konnte nicht begreifen, daß seine Frau ihn einfach nicht verstand. Wäre sie mit einer Hütte zufrieden gewesen?

Und die Kinder? Er hatte an ihre Zukunft gedacht – und dabei versäumt, sie in der Gegenwart zu begleiten.

Nun zog er verbittert Bilanz und stellte resigniert fest: »Ich habe alles falsch gemacht.« Es gab kein Zurück. Er wünschte, noch einmal von vorne zu beginnen. Jetzt war er allein zurück geblieben. Mit seinen beiden Häusern. Und dem Geschäft.

Es ließe sich ein Beispiel an das andere reihen, eines noch dramatischer als das andere.

Das heißt nicht, daß der Vater den ganzen Tag um sein Kind sein müßte. Solch eine Nähe wäre für das Kind erdrückend, es könnte sich nicht frei entfalten, vielmehr würde es anfangen zu rebellieren, weil es sich eingeengt fühlt, in Besitz genommen. Aber das Kind muß wissen, daß der Vater jederzeit erreichbar ist und daß es selbst dem Vater mehr bedeutet als Ehre, Erfolg und Geschäft.

Für viele beschäftigte Väter ist es leichter, Geld zu geben, als sich selbst. Die Verpflichtung, sich den Kindern zu widmen, wird als lästige Fessel empfunden. Man läßt sich die Kinder gerne gefallen, solange sie keine Forderungen stellen.

Aber Kinder sind keine hübschen Ausstellungsstücke, an denen man sich erfreuen kann. Sie sind auch nicht dazu da, das eigene Prestige zu erhöhen, wie es bei vielen Vätern der Fall ist, die ihr eigenes geringes Selbstwertgefühl durch den Erfolg der Kinder aufzubessern erhoffen.

Kinder werden den Eltern nicht zu deren Aufwertung gegeben, sondern die Eltern sind für das Werden ihrer Kinder verantwortlich. So sind Kinder eine Herausforderung an die Eltern, eine Gabe, die zugleich eine Aufgabe ist. Und dieser Verantwortung kann sich auch der überbeschäftigte Vater nicht entziehen.

Es mag Situationen geben, die den Vater zwingen, sich eine Weile seiner Familie zu entziehen. Da befindet sich der Vater tatsächlich in einer Zwickmühle. Will er nicht seine Arbeitsstelle verlieren, muß er den Erwartungen des Arbeitgebers entsprechen, oder um in der Konkurrenz mithalten zu können, muß er dies und jenes unternehmen, was ihn terminlich so einengt, daß für seine Familie keine Zeit mehr bleibt. Aber solch ein Zustand muß vorübergehend sein, so daß nach der Trennung die Familie sich aufs neue wieder vereint. Es darf kein Dauerzustand werden.

Der Vater braucht den Beruf, um seiner Familie das geben zu können, was sie zum Leben nötig hat. Aber wenn er erkennt, daß der Beruf ihn aufzufressen droht, muß er sich entscheiden, wem er den Vorrang einräumt. Er darf nicht die Familie seinem Beruf opfern. Der Mensch rangiert vor dem Geld. Und die Familie vor der Karriere. Das ist für manch einen Mann ein unvorstellbarer Gedanke. Hat er nicht all sein Geld und seine Zeit investiert, um endlich die Sprossen dieser Karriereleiter zu erklimmen – gebangt, gezittert, gekämpft? Hier gilt es, ehrlich die eigentlichen Motive seines Handelns zu durchleuchten, diese geheimen, unterschwelligen Gedanken und Berechnungen, die für eine Entscheidung ausschlaggebend sind. Da sollte der Vater sich aufrichtig fragen: Warum hetze ich von einem Termin zum andern, ist es nicht letztlich darum, um mir selbst zu dienen?

Diese verborgene Eitelkeit, die hinter so manch einer Geschäftigkeit lauert, das heimliche Geltungsstreben, das nach Anerkennung hungert ...

2. Der autoritäre Vater oder: Der Boß bin ich

Nicht nur der beschäftigte, sondern auch der autoritäre Vater hindert seine Kinder an einer gesunden Persönlichkeitsentfaltung.[2] Es ist bereits viel über die Nachteile einer autoritären Erziehung geschrieben worden, bis sich ein neuer Erziehungsstil herauskristallisierte, der gerade das Gegenteil als erstrebenswert hinstellte. Aber weder der autoritäre, noch der Vater, der glaubt, auf jegliche Autorität verzichten zu können, um nur Spielkamerad oder Kumpel seiner Kinder zu sein, kann seinen Kindern die Atmosphäre vermitteln, die sie für ihr Wachstum brauchen.

Kinder, die durch einen autoritären Vater stets eingeschüchtert und mit scharfem Befehlston zurechtgewiesen werden, können ihre natürlichen Gaben nicht entfalten. Sie werden entweder zu Duckmäusern herangezogen, oder aber sie versuchen später, sich für die erlittenen Demütigungen zu rächen, indem sie selbst andere beherrschen.

Ich denke an eine Familie, die mit ihren heranwachsenden Söhnen größte Schwierigkeiten hatte. Vor allem der jüngste wurde als außergewöhnlich problematisch geschildert. Am meisten erschrocken zeigten sich die Eltern über seine homosexuelle Neigung.

Der Vater war ein sehr unausgeglichener, jähzorniger Mann, der seine Frau und seine Kinder scheinbar völlig unvermittelt anbrüllte und absoluten Gehorsam verlangte.

In seiner Firma war der Vater sehr geachtet, doch zu Hause spielte er den Tyrannen. Vor allem seinen Kindern gegenüber konnte er hart und ungerecht sein. Bitten wurden in der Regel ohne Begründung zunächst abgeschlagen. Dennoch war er davon überzeugt, ein erfolgreicher Vater zu sein und konnte vor Bekannten noch damit prahlen, daß er bei seinen Söhnen nie mit der Rute gespart habe. In der Tat hat es manches Mal derartige Prügelszenen gegeben, daß die Mutter weinend dazwischenfuhr, weil sie befürchtete, ihr Mann könne einen der Söhne zum Krüppel schlagen. Das kleinste Vergehen wurde überdimensional bestraft. Als eines Tages der Jüngste bei einer Lüge ertappt wurde, bekam er außer einer tüchtigen Tracht Prügel den ganzen Tag nichts zu essen und wurde in den Keller gesperrt.

Diese aggressive, lieblose Erziehung war für die ganze Familie entwürdigend. Auch in der Ehe zeigte er sich fordernd, als sei es sein Recht, daß seine Frau jederzeit für ihn bereit war. Die Frau fühlte sich dadurch ständig gedemütigt und wurde bitter gegen ihren Mann, und die Kinder lehnten ihren Vater ab.

Ein autoritärer Vater wirkt sich auf die Persönlichkeitsentwicklung eines Kindes im allgemeinen sehr negativ aus. Der überstarke Vater, der von seinen Kindern blinden Gehorsam erwartet und keine Widerrede duldet, wird als erdrückend erlebt. In seiner Gegenwart fühlen sich die Kinder eingeengt. Vor allem der Junge kann seine Männlichkeit nicht entfalten. Er muß sich ja stets dem übermächtigen Vater beugen aus Angst, sonst von ihm bestraft zu werden. So ist es zu erklären, daß autoritäre Väter häufig feminine Söhne heranziehen.[3] Diese Söhne fühlen sich psychologisch entmündigt. Jede eigene Regung wird durch ein Machtwort des Vaters schon im Keime erstickt.

Auf Töchter wirkt sich ein autoritärer Vater offenbar nicht ganz so negativ aus. Manchen Töchtern gelingt es sogar, ihren Vater als stark und überlegen zu bewundern.[4] Doch zumeist sind auch sie so eingeschüchtert, daß sie unselbständig bleiben und darauf warten, daß ein anderer ihnen Entscheidungen abnimmt.

Die Beziehung der Kinder zu ihrem autoritären Vater ist in der Regel sehr problematisch.

Wenn trotzdem eine positive Beziehung zustande kommt, dann handelt es sich bei dem Vater um eine starke Persönlichkeit, die zugleich liebesfähig ist, die nicht nur absoluten Gehorsam verlangt, sondern gleichzeitig Geborgenheit vermittelt.

3. Der schwache Vater

Ein schwacher Vater muß sich nicht unbedingt auch seinen eigenen Kindern gegenüber schwach zeigen. Hier kann er durchaus bemüht sein, seine vermeintliche Stärke unter Beweis zu stellen. Doch seiner Frau gegenüber weiß er sich unterlegen.

In einer Familie, in der der Vater als schwach erlebt wird, ist die Mutter dominierend und wortführend. Sie ist die letzte Entscheidungsinstanz. Der Vater wird häufig wie ein unmündiges Kind behandelt, und seine Meinung, sofern sie nicht mit der Meinung der Mutter übereinstimmt, wird mit einer Handbewegung abgetan.

Um sich selbst diese Demütigung zu ersparen, vermeidet der Vater möglichst schon von vornherein, seiner Frau zu widersprechen, und fügt sich.

Die unterdrückte Frustration aber sucht irgendwo einen Ausweg. Als Ausgleich für die erlittene Demütigung verlangt er Anerkennung. Es gibt Väter, die sind bestrebt, sich mit dem Kind zu verbünden. Nicht, um gegen die Mutter aufzustehen – dieser Aufstand würde ohnehin sogleich niedergeschlagen, und die Demütigung wäre noch schmerzvoller als zuvor; vielmehr suchen diese Väter Anerkennung bei den Kindern. Das kann beispielsweise dadurch geschehen, daß – wenn die Mutter dem Kind eine Bitte abgeschlagen hat – der Vater heimlich diese Bitte unter dem Siegel der Verschwiegenheit erfüllt, um von dem Kind Dank zu ernten. Es ist zwar für das

Kind sehr bequem, doch insgeheim wird solch ein Vater als Schwächling abgelehnt.

Ein Kind durchschaut sehr bald die versteckten Motive und weiß die heimliche Absicht des Vaters für die eigenen Zwecke nutzbar zu machen. Aber letztlich ist es nur ein Spiel, das ein Kind mitmacht, um sein Ziel zu erreichen. Innerlich wird es den Vater verachten.

Durch einen schwachen Vater verliert ein Kind die Orientierung und weiß nicht, wohin es sich entwickeln soll, zu welchem Vorbild. So ist es im tiefsten ratlos und schließlich verbittert. Vor allem in späteren Jahren kann solch ein Kind sich den Eltern gegenüber – und schließlich auch innerhalb der Gesellschaft – sehr rebellisch aufführen.

Ein schwacher Vater ist nicht nur selbst neurotisch, d.h. gefangen in seinen eigenen Persönlichkeitsproblemen, er macht auch seine Kinder psychisch krank[5], weil sein Erziehungsstil keine klare Linie aufweist.

Die Rebellion des Kindes ist dann nichts anderes als eine Enttäuschung an den Eltern, die seinen tiefsten Bedürfnissen nicht gerecht werden konnten.

Aber noch ein weiterer Punkt ist als eine ernst zu nehmende Gefährdung zu erwähnen: Ein schwacher Vater sucht nicht nur die Zustimmung seiner Kinder, sondern ist auch fähig, seine Kinder zu mißhandeln; sei es, um dadurch seine Stärke unter Beweis zu stellen, sei es, um sich heimlich für die selbst erlittene Demütigung zu rächen. Seine Stärke kann er ja nur an dem Schwächeren demonstrieren. Und das ist in der Regel das Kind, zumal wenn es noch klein ist. Solch eine Mißhandlung kann in einer ungehemmten Prügelstrafe zum Ausdruck kommen – oder sich im sexuellen Bereich zeigen.

Der Inzest

Es werden ungezählte Fälle berichtet, wo Väter ihre Töchter sexuell mißbrauchten. Weil sie bei der eigenen Frau nicht die Bereitschaft fanden, die sie sich erhofften, holten sie sich von der Tochter, wonach ihnen verlangte. Diese Väter können nach außen hin extrem harmlos und gutmütig, ja sogar äußerst religiös auftreten. Niemand würde es ihnen zutrauen, daß sie je in der Lage wären, die eigene Tochter sexuell zu mißbrauchen.

Nicht selten ist auch die Tochter unglücklich und fühlt sich von der Mutter nicht verstanden, so daß sie sich nicht mit ihr identifizieren kann. So trösten sich Vater und Tochter zunächst gegenseitig und bilden ein heimliches Komplott. Und diese Verbundenheit führt schließlich zur körperlichen Vereinigung, wobei der Inzest als Liebe und Wärme empfunden wird. Das Kind kalkuliert: Wenn ich mich verkaufe, erhalte ich Wärme und Verstehen. So wird die Liebe ausgehandelt. Aber nicht nur der schwache Vater, auch der aggressive Vater kann seine Tochter sexuell mißbrauchen. Er wagt nicht, andere Frauen zu nehmen, aus Angst, abgelehnt zu werden. Doch in der eigenen Familie fühlt er sich als absoluter Herrscher, dem alle anderen willens sein müssen.[6]

Auch für Stiefväter können die heranwachsenden Töchter zur Versuchung werden. Hier ist sogar die Gefährdung noch größer, da die Blutsbarriere wegfällt. Das junge Mädchen übt eine große Faszination auf den angeheirateten Vater aus. Wenn er dann bei seiner Frau sexuell nicht die Erfüllung findet, die er sich erhoffte, ist die Gefahr groß, daß er die Tochter verführt. Die Hemmung überwindet er damit, daß er so tut, als habe er ein gewisses Besitzrecht an der Tochter mitgeheiratet.

Töchter, die von ihren Vätern sexuell mißbraucht werden, haben eine qualvolle Jugend und leiden ihr Leben lang darunter. Instinktiv ahnen sie, daß diese Verbindung nicht gut ist. Darum wagen sie nicht, mit irgendeinem Menschen darüber zu sprechen. Nicht selten werden sie vom Vater bedroht, so daß die Angst vor der Strafe ihnen noch zusätzlich den Mund verschließt.

Ich erinnere mich an eine längst erwachsene Frau, die mich eines Tages wegen ihrer Depressionen aufsuchte. Sie litt unter einem verzehrenden Haß ihrer Mutter gegenüber, die ihrem Mann die sexuelle Befriedigung vorenthalten hatte, so daß der Vater sich schließlich mit der Tochter verband.

Obwohl die Tochter später selbst heiratete und eigene Kinder hatte, konnte sie diese innere Verletzung nie überwinden. Sie war selbst eine Gezeichnete. Und als solche war sie bemüht, ihre eigenen Töchter moralisch überstreng zu erziehen. Sie beobachtete voller Mißtrauen nicht nur ihre Kinder, sondern auch ihren Mann. Und dieses stete Mißtrauen lag wie ein Schatten über der ganzen Familie.

Der Inzest ist ein erschreckend verbreitetes Übel. Aber nicht nur Väter benutzen ihre Töchter, auch Mütter verführen ihre Söhne, um mit ihnen geschlechtlich zu verkehren. Sie versuchen, ihre Sünde damit zu rechtfertigen, als wollten sie ihren Söhnen nur helfen, richtige Männer zu werden.

Aber sowohl Töchter als auch Söhne werden durch sexuellen Mißbrauch zu seelischen Krüppeln, unfähig, später ihrerseits eine gesunde Beziehung zu dem anderen Geschlecht herzustellen.[7]

4. Der unbeteiligte Vater oder: Laß mich in Ruhe

In der heutigen Gesellschaft haben wir es häufig mit dem unbeteiligten Vater zu tun, dem Vater, der seine Ruhe haben möchte. Der seine Familie zwar mit Geld und allem materiellen Wert versorgt, sich selbst aber seiner Familie entzieht. Es ist der Vater, der meint, ein Recht auf sich selbst zu haben und der behauptet, Erziehung sei Frauensache. Der es unter seiner Männerwürde empfindet, sich mit seinen noch unmündigen Kindern zu befassen. Er ist allenfalls noch bereit, sich mit seinem heranwachsenden Sohn abzugeben, vorausgesetzt, daß dieser die gleichen Interessen vertritt und etwa mit seinem Vater die Begeisterung fürs Fußballspielen oder Hockey teilt. Im Alltag aber verlangt er für sich selbst Rücksichtnahme. Wenn er am Abend nach Hause zurückkehrt, will er entspannen und versteckt sich hinter der Zeitung, oder er versucht abzuschalten, indem er das Fernsehen einschaltet. Dabei ist es nicht unbedingt die berufliche Überbeanspruchung, die ihn bestimmt, sondern er ist einfach nicht gewillt, seine Trägheit zu überwinden. Er meint, den ganzen Tag um der anderen willen sich angespornt zu haben, jetzt endlich habe er das Recht, sich gehen zu lassen. Nicht immer jemand sein zu müssen.

Die meisten dieser Väter sind selbst in einer Familie ohne Vater aufgewachsen oder haben einen Vater erlebt, der sich aller Verantwortung entzog und glaubte, seiner Pflicht damit zu genügen, daß er das notwendige Geld zu Hause ablieferte. Dabei vergessen diese Väter, wie sehr sie selbst als Kind unter ihrem anonymen Vater gelitten haben, der wohl körperlich anwesend, aber für seine Kinder nicht erreichbar war!

Wenn der Vater zwar da, aber doch nicht erreichbar ist, fühlen sich die Kinder abgelehnt. Sie fühlen sich – auch wenn sie es noch nicht so direkt verbalisieren können, wie unliebsame Eindringlinge, wie Störenfriede, die dem Vater die wohlverdiente Ruhe rauben.

»Hunde und Kinder gehören in die Küche«, war der Standpunkt eines Vaters, der glaubte, seine Kinder würden sich automatisch zu brauchbaren Erwachsenen entwickeln, wenn er nur Geld ablieferte und fähige Erzieher herbeischaffte. Doch als später der Sohn sich das Leben nahm und die Ehe der Tochter zerbrach, konnte er nicht begreifen, daß er als Vater diese Entwicklung eingeleitet hatte.

»Sie hatten doch alles, was sie brauchten«, versuchte er sich zu verteidigen.

Ja, sie hatten alles; aber sie hatten keinen Vater. Denn der Vater war mit der eigenen Karriere beschäftigt und ließ die Kinder zwar akademisch trimmen, damit sie einen hohen Titel vorweisen konnten, mit dem sich der Vater selbst zu schmücken gedachte, um so vor anderen zu prahlen – aber sie hatten keinen Vater, der sie im Innersten verstand.

Kinder brauchen ihren Vater; denn gerade am Vater sollen sie lernen, wie sie mit all den unterschiedlichen Anforderungen umgehen sollen. Sie brauchen jemanden, vor dem sie ihre kleinen Kümmernisse und Enttäuschungen, all ihre Erlebnisse ausbreiten können. Es war so manches, was sie am Tag erlebt hatten, die kleinen Auseinandersetzungen beim Spiel, die unverständliche Reaktion der Lehrerin, die ungerechte Bestrafung oder Zurücksetzung, der Test in der Schule, das zerbrochene Spielzeug, die Enttäuschung – tausend Kleinigkeiten, die doch für ein Kind so wichtig sind. Es möchte diese Erlebnisse mit seinem Vater teilen. Es möchte berichten und wissen, was er dazu meint.

Ein Kind möchte einen Vater haben, der ihm gehört und auf seiner Seite steht. Es braucht das Bewußtsein, dem Vater etwas wert zu sein. Das Wissen, er ist jetzt da – für mich. Er nimmt mich ernst. Er hört zu. Er weiß einen Rat.

Wenn der Vater zwar da ist, aber sein Verhalten ausstrahlt: Laß mich in Ruhe! dann wissen diese Kinder nicht, zu wem sie mit ihren kleinen und großen Kümmernissen gehen sollen.

Sicher, die Mutter ist da; aber vielleicht ist sie auch so beschäftigt, daß sie keine Zeit hat, auf ihre Kinder einzugehen.

Der Vater ist letztlich derjenige, der die Kinder in das Leben einführt. Aber darauf werden wir noch in einem späteren Kapitel zurückkommen.

Ein Vater, der für seine Kinder offen ist, vermittelt Geborgenheit. In seiner Gegenwart fühlen sich die Kinder sicher.

Kinder, die sich von ihrem Vater abgelehnt fühlen, verlassen frühzeitig das Elternhaus, um irgendwo anders das zu finden, was ihnen der Vater nicht gegeben hat. Sie sind damit sehr gefährdet. Da sie innerlich nicht gefestigt genug sind, geraten sie zu leicht in eine Gruppe, die ihnen zwar äußerlich ein gewisses Zugehörigkeitsgefühl vermittelt, andererseits aber sind sie auch der Verführung ausgeliefert.

Solche Jugendlichen fliehen häufig in eine frühe sexuelle Beziehung, die jedoch meistens in einem Fiasko endet.

So sind diese heimatlosen Jugendlichen schon früh gezeichnet. Sie sind instabil und können auch ihrerseits keine beständige, tragfähige Beziehung eingehen. Ihre Verbindungen sind in der Regel sehr problematisch und nicht von Dauer. Weil sie selbst keine warme zwischenmenschliche Beziehung kennengelernt haben, bleiben sie in ihrem ganzen Verhalten infantil.

5. Die Abwesenheit des Vaters oder: Der fehlende Pol

In einem erschreckenden Ausmaß haben wir es heute – vor allem in der westlichen Welt – mit unvollständigen Familien zu tun. Das Heer der vaterlos aufwachsenden Kinder wächst von Tag zu Tag.

Es gibt verschiedene Gründe für die Abwesenheit des Vaters, wir werden im Rahmen der »Vaterlosigkeit« noch näher darauf eingehen. In diesem Zusammenhang sei lediglich darauf hingewiesen, daß eine willkürliche Abwesenheit – etwa durch eine selbst herbeigeführte Tennung – wesentlich schwerer für ein Kind zu verkraften ist als eine Trennung, die durch den frühzeitigen Tod des Vaters entstanden ist.

Kinder, die ohne Vater aufwachsen, haben keine Möglichkeit, sich mit einem realistischen Vaterbild auseinanderzusetzen. Sie haben weder die Gelegenheit, sich mit dem Vater-Modell zu identifizieren, noch haben sie die Möglichkeit, sich zu messen.

Wenn sie in den Spiegel sehen, erblicken sie nur sich selbst und wissen nicht wohin, zu welchem Bild sie sich ausstrecken sollen. Entsprechend fühlen sich diese Kinder anderen gegenüber benachteiligt, ja minderwertig. Je differenzierter ein Kind veranlagt ist, desto verhängnisvoller wirkt sich die Abwesenheit des Vaters aus. Der Verlust kann sich bis in die Intelligenzentwicklung eines Kindes bemerkbar machen. Doch auch darauf werden wir in einem späteren Kapitel noch einmal zurückkommen.

Bei der Abwesenheit des Vaters ist vor allem die Mutter gefragt, die ja jetzt den Part des Vaters übernehmen muß. Und häufig ist die Mutter mit dieser doppelten Aufgabe total überfordert. Wenn sie darüber hinaus auch noch die materielle Sorge für die Familie trägt, kommt es früher oder später zu einer Verschleißerscheinung, es sei denn, sie kann die Verantwortung teilen, so daß nicht die ganze Last allein auf ihren Schultern liegt. Hier können – so problematisch das im allgemeinen sich in der Praxis auswirken mag – die Großmutter oder der Großvater eine Hilfe werden; vorausgesetzt, daß sie in weiser Zurückhaltung der Mutter zur Seite stehen, ohne sie zu entmündigen und sie vor den eigenen Kindern wie ein Kind zu behandeln.

II. Die Wandlung des Vaterbildes

1. Anthropologischer Befund

Wir haben soeben verschiedene Charakteristika aufgezeigt, die sich negativ auf das Vater-Kind-Verhältnis auswirken. Die Väter aber stehen in der Regel nicht isoliert da, sondern sind eingebunden in die Gesellschaft, bzw. in die jeweilige Familientradition. Betrachten wir dagegen andere Kulturen, so können wir feststellen, daß der Vater u.U. eine völlig andere Position innehat und seine Beziehung zu seinen Kindern eine ganz andere ist. Darum wollen wir als nächstes über den eigenen Zaun hinwegblicken, um zu sehen, welche Einflüsse für ein Vaterbild verantwortlich sind.

Einige Anthropologen haben in nicht-industrialisierten Ländern die Vater-Kind-Beziehung eingehend erforscht und festgestellt, daß das Vaterbild von Kultur zu Kultur unterschiedlich ist. So haben beispielsweise die *Buschmänner* im nordwestlichen Teil von Botswana, die als Jäger und Sammler leben, eine sehr enge, unkomplizierte Beziehung zu ihren Kindern. Der Vater ist mehr Spielkamerad oder älterer Freund. Und wenn er lehrt, geschieht es praxisbezogen und ohne Leistungszwang. Dadurch, daß der Vater keinen Druck ausübt, wird er von seinen Kindern nicht gefürchtet, sondern geliebt.[1]

Ähnliches wurde bei Bewohnern einiger *Südseeinseln* beobachtet, die ihre kleinen Gärten versorgten und nur für den eigenen Bedarf fischten. Auch diese Väter stehen unter keinem Streß. Zeitdruck ist ihnen fremd. Die Beziehung zu den Kindern ist herzlich und kameradschaftlich. Die Väter werden als Väter respektiert, aber weder gefürchtet, noch bekämpft. Die Kinder lernen von ihren Eltern und sind ganz selbstverständlich mit in das Leben der Eltern einbezogen.[2]

Hier und da wurde versucht, diesen Lebensstil nachzuahmen; doch mußte dieser Versuch scheitern; denn wir können dieses Modell nicht als Ideal auf die westliche Welt übertragen, weil die Lebensbedingungen hier ganz anders sind.

Im Gegensatz zu den Jägern und Sammlern oder auch zu der Hortikultur der Südseeinseln wird bei den Agrarvölkern eine streng feudalistische Rangordnung beobachtet, was an dem Beispiel einer Insel in *Südkorea* deutlich wurde.[3]

Diese Insel war nicht industrialisiert, vielmehr herrschte eine hochentwickelte Agrarkultur. Hier führten die Männer ein absolut patriarchalisches Regime. Die Frauen hatten in dieser Männerwelt nicht viel zu sagen. Ihre Aufgabe war es, für das Essen und die kleinen Kinder zu sorgen. Der Mann kümmerte sich – neben seiner Arbeit auf dem Feld – lediglich um gesellschaftliche Dinge. Erst später, wenn die Kinder größer wurden, behielt er sich das Recht vor, Lehrer und Erzieher seiner Kinder, vor allem seiner Söhne, zu sein.

Die Beziehung zwischen Kind und Vater basierte vorwiegend auf Furcht. Der Vater war mehr gefürchtet als geliebt; denn er wußte oft genug, seine Macht entsprechend auszuspielen.

Bei diesen Kindern wurde ein großes aggressives Potential beobachtet, das jedoch nicht nach außen hin zur Zerstörung eingesetzt, vielmehr – der asiatischen Mentalität entsprechend – zur Zementierung der bestehenden Tradition beitrug. Das zeigte sich jedesmal dann, wenn diese bestehende Gesellschaftsstruktur durch äußere Einwirkung verändert werden sollte: mit Leidenschaft wurde um die Erhaltung gekämpft. Auf der Halbinsel Korea dagegen, die unter der Militärdiktatur gezielt industrialisiert wurde, zeigte sich die Aggression destruktiv in der Umstrukturierung der feudalistischen Hierarchie, und im Zuge der Emanzipation wurde die Militärdiktatur gegen eine zivile eingetauscht.

Ähnlich wie die südkoreanischen Insulaner hatten auch die *Nomaden*[4] nur wenig Kontakt zu ihren Kindern, so daß die Erziehung ganz der Mutter überlassen war. Wenn jedoch der Vater, der absoluter Herrscher seiner Sippe war, als Erzieher eingriff, zeigte er sich äußerst brutal. Bei diesen Kindern kam die Aggression ungehemmt zum Ausbruch. Die Folge war, daß später diese Kinder wieder brutale Väter wurden, die von ihren eigenen Kindern gefürchtet waren.

Aus diesen Beobachtungen können wir schließen, daß die Vater-Kind-Beziehung anscheinend von der jeweiligen Sozialstruktur abhängig ist.

2. Trans-kulturelle Betrachtungen

Nachdem wir einige nicht-industrialisierte Völkerstämme betrachtet haben, wollen wir jetzt anhand von drei Ländern aufzeigen, wie die industrielle Revolution das Gesicht der Familie verändert hat. In diesen betreffenden Ländern wurde die Industrialisierung unter einem beinahe hektischen Druck eingeführt, so daß die Veränderung sich nicht allmählich durchsetzen konnte, sondern innerhalb kürzester Zeit mit mehr oder weniger Erfolg die alte Tradition ablöste. Generell kann gesagt werden, daß auf dem Lande die Tradition fester verankert ist als in den Städten, in denen ohnehin durch die Isolation der Familien die Fundamente der Tradition bereits gelockert waren.

Im alten *Rußland*[5], in dem auch eine Agrarkultur bestand, war der Vater der Patriarch seiner Familie. Diese väterliche Autorität beanspruchte dann auch der Zar für sich selbst, was später von Stalin mit dem Ausspruch unterstrichen wurde: »Der Staat ist eine Familie, und ich bin euer Vater.«[6] Aber so wie in Turgenjews Roman »Väter und Söhne« der Abgrund deutlich wurde, der zwischen der Welt der Väter und der Söhne lag, so wurde auch die Kluft zwischen dem Landesvater und seinem Volk deutlich. Doch als »Väterchen Zar« sich als blutgieriges Ungeheuer entlarvte, war es bereits zu spät. Das Volk mußte sich der Gewalt beugen. Der Vater, der sich als Familienoberhaupt durch den Übervater abgesetzt sah, nahm immer häufiger seine Zuflucht zum Alkohol. Aber es war dem herrschenden Regime lieber, »über Alkoholiker zu herrschen, als denkende Söhne zu haben, die gegen das Regime arbeiteten«[7]. Was Bildung war, wurde vom Staat bestimmt.

Da schon der »Durst nach Bildung« – wie Dostojewski es ausdrückte – »aristokratischer Durst« war, der unterdrückt werden mußte, sollten die »Berge eingeebnet« werden. Der größte Berg jedoch, der dem sozialistischen Staat später im Wege stand, war die Familie. So fing der Staat an, die Familie zu kontrollieren, um seine absolute Herrschaft zu festigen. Schon der »Hang zur Familie« erschien dem Staat gefährlich; denn »ein bißchen Familie oder Liebe, und schon ist auch der Wunsch nach Eigentum vorhanden.« Darum war die Konsequenz: »Wir werden den Wunsch zu Tode quälen.«[8] Jedes Mittel war erlaubt, sei es Trunksucht oder Anzeige, ja, selbst Unzucht war gestattet, wenn sie nur dazu beitrug, dieses Ziel zu erreichen, nämlich die Familie zu zerstören. Um den Menschen auf einen gemeinsamen Nenner, die vollständige Gleichheit zu bringen, sollte »jedes Genie schon im Säuglingsalter unterdrückt« werden.[9] Nur so konnte verhindert werden, daß der Mensch verantwortlich dachte. Alles zielte auf absolute Manipulation. Die Familie ging in den Besitz des Staates über, der nun die Stelle des Vaters übernahm. Unter dem Vorwand der Emanzipation wurde auch die Frau aus der Familie verbannt und in Betriebe integriert. Damit hoffte man nicht nur das Sozialprodukt zu steigern, sondern zugleich auch der Kinder mächtig zu werden, die jetzt in staatlichen Einrichtungen erzogen werden konnten. So wurden die Familienbande nicht nur gelockert, sondern systematisch durchtrennt, um die Kinder ganz dem Einfluß der Eltern zu entziehen.

Als jedoch der Versuch, die Familie aufzulösen, nicht den gewünschten Erfolg brachte, wurde die Familienstruktur äußerlich wieder hergestellt, jedoch unter staatlicher Regie.[10] Die Familie blieb weiter bestehen, doch war sie nicht mehr autonom, sondern Staatsorgan, wobei der Vater sich als verlängerter Arm des Staates verstand, der dafür Sorge zu tragen hatte, daß die Anordnungen des Staates auch innerhalb des Familienverbandes befolgt wurden.[11] Damit er seiner Aufgabe getreulich nachkam, wurden Lehrer zu Aufsehern bestellt, die ihrerseits durch die Kinder den väterlichen Einfluß überwachten. Die Aufgabe des Vaters bestand lediglich noch darin, gute Staatsbürger zu erziehen, die den Richtlinien des Staates entsprachen. Die eigentliche Charakterschulung aber blieb Sache des Staates. Und er nahm seine Aufgabe ernst, indem er Kinder und Jugendliche in zahlreiche Aktivitäten und Programme verplante und dem väterlichen Einfluß keine Chance mehr einräumte. Das Kind wurde in einem Kontrollnetz eingefangen, aus dem es kein Entrinnen mehr gab.

Eine ähnliche Entwicklung wie in Rußland sehen wir in *China*[12]. Auch im alten China wurde zunächst das Bild eines patriarchalischen Vaters vermittelt. Das Schriftzeichen, das für Vater steht, zeigt einen

Mann, in jeder Hand einen Stock. In einem Werk aus dem 3. Jahrhundert v. Chr. heißt es: »Wenn es in der Familie nicht Zorn noch Rute gibt, zeigt sich sofort, daß die Kinder unartig werden.«[13]

Die Pflicht der Kinder war es, den Eltern, vor allem dem Vater, absoluten Gehorsam entgegen zu bringen und ihm in Ehrfurcht zu begegnen. Die Familie erwartete ihrerseits vom Vater, daß er ein Vorbild war und seine Familie gut versorgte, die dann im Alter für ihn eintreten würde. Darüber hinaus war es der Sohn, der die Reihe der Ahnen einmal fortsetzen würde, daher wurde er als Bindeglied zu den Ahnen angesehen und vom Vater mit besonderer Sorgfalt erzogen.

Mit der Industrialisierung wuchs der Individualismus und damit der Anspruch auf größere Freiheit, vor allem bei den Jugendlichen. Die Rebellion der Jugend wurde vom Staat ausgenutzt und unterstützt, um die geplante Umwandlung der Familie zu beschleunigen. Als dann der Staat den Vater absetzte und selbst die Funktion des Oberhauptes übernahm, kam es zu einem kulturellen Abstieg, der in der Kulturrevolution seinen traurigsten Niederschlag fand. Jahrtausendalte Kulturgüter wurden innerhalb kürzester Zeit zertreten und die altbewährte Tradition mit tödlichem Haß niedergewalzt. Jetzt war die Familie in den Händen des Staates, der nun Gewalt über sie ausübte und sie bis in die privateste Sphäre der Geburtenkontrolle überwachte. Kommunen wurden als Alternativen zur patriarchalischen Familie zwangseingeführt. Für Millionen von Chinesen spielte sich das Leben jetzt nicht mehr innerhalb der Familien, sondern in den Kommunen ab. Die Kommune übernahm auch die Verantwortung für die Erziehung der jungen Generation. So wurde der einzelne von seiner Verantwortung befreit. Sein Arbeitseinsatz kam der Kommune zugute.

Auf diese Weise glaubte man, die Familien von der Tyrannei des väterlichen Regimes zu befreien.

Allmählich aber wurde dieses System in Frage gestellt. Da das private Eigentum abgeschafft worden war, wurde damit auch zugleich der Anreiz genommen, das Private zu vermehren und zu schützen. Heute sind wieder Zeichen vorhanden, die andeuten, daß auch die Kommunen nicht von Dauer sind und ein wenig privater Besitz den einzelnen mehr motiviert, sich dafür einzusetzen.

Ein Blick nach *Japan* zeigt noch bis heute das tief verwurzelte Bewußtsein, daß der Vater als Haupt der Familie nicht nur Autorität besitzt, sondern auch verantwortlich für seine Familie eintritt. Durch die Lehre des Konfuzius gilt weitgehend der Gehorsam als Tugend.

Nach der Modernisierung der Gesellschaft hat der Vater zunächst auch weiterhin seinen Platz innerhalb der Familie behauptet. In diesem Land fand keine Kulturrevolution statt, auch war der Staat nicht daran interessiert, die alte Tradition zu brechen, vielmehr durch Leistung dem einzelnen das Äußerste abzugewinnen. Hier geht der Vater voran, ohne sich persönlich zu schonen. Die Erziehung der Kinder liegt vorwiegend in Händen der Mutter, die einerseits sich bemüht, die Tradition weiterzugeben, andererseits die Kinder auf die moderne Gesellschaft vorbereitet. So lehrt sie ihre Tochter Geduld und ermuntert sie durch persönliches Vorbild, eigene Ansprüche zurückzustellen, um der Gemeinschaft zu dienen, während der Junge dahin trainiert wird, einen hohen Posten innerhalb der Gesellschaft zu übernehmen. Durch den Streß, den vor allem die Schulen den Familien abverlangen, gleicht die moderne Familie einem Bildungsinstitut, in dem die Kinder akademisch gedrillt werden, um der Konkurrenz standhalten zu können.

Die fast atemberaubende Entwicklung der Industrie hat den Vater in Japan aus den Familien gezogen. Er wird von der Firma fast völlig absorbiert, so daß er am Ende mehr Zeit in seiner Firma verbringt als in der Familie. Selbst am Feierabend widmet er sich im geselligen Kreis seinen Mitarbeitern und Kollegen mehr als seinen eigenen Kindern. Hinzu kommt die zunehmende Isolierung der Familie durch die Verstädterung, so daß die Anonymität immer größer wird.

Der Japaner, der Jahrtausende hindurch auf eine enge zwischenmenschliche Beziehung angewiesen war, wird immer stärker mit dem westlichen Einfluß des Individualismus konfrontiert, so daß sich hier allmählich eine Veränderung auch in der Familienstruktur anbahnt. Das wird beispielsweise daran deutlich, daß heute die Partnerwahl schon vielfach den jungen Leuten selbst überlassen bleibt, was noch bis vor wenigen Jahren undenkbar erschien.

3. Historischer Rückblick in West-Europa und Nordamerika

Um die westliche Kultur besser verstehen zu können, wollen wir auf die Wurzeln zurückgehen, aus der diese Kultur entwachsen ist. Die westliche Kultur, wie sie sich heute sowohl in Europa, als auch in Nordamerika zeigt, ist stark vom christlichen Gedankengut geprägt worden, das wiederum auf die hebräische Tradition zurückgeführt werden kann.

War das Volk der *Hebräer*[14] zunächst ein Nomadenvolk, das mit seinen großen Herden von einem Weideplatz zum andern zog, so entwickelte es sich später, nachdem es seßhaft geworden war, zum Agrarvolk. Wie bei allen Agrarvölkern hatte auch im alten Volk Israel der Vater eine besondere Position. Er war der Monarch der Familie, er war Priester und Richter zugleich. Das Volk der Hebräer kann jedoch nur in seiner Beziehung zu Gott verstanden werden, von dem es sich herausgerufen und als Sohn geliebt wußte. Daran änderte auch nichts die Geschichte der eigenen Rebellion, die sich immer aufs neue wiederholte.

Kinder galten als unverdientes Geschenk Gottes; daher sah der Vater seine vornehmste Aufgabe darin, seine Kinder in der Weisung Gottes zu erziehen. Dazu gehörte, daß er sie einführte in die Geschichte seines Volkes. Und diese Geschichte wurde durch das immer erneute Erzählen lebendig erhalten, wie es Gott gefordert hatte.[15]

Es war die Verantwortung des Vaters, nicht nur das Geschichtsbewußtsein im Denken und Urteilen seiner Kinder zu wecken, sondern auch die Treue Gott gegenüber einzuüben durch stete Wiederholung seiner Gebote. So hieß es in der Thora, dem jüdischen Gesetzbuch: »Und diese Worte, die ich dir heute gebiete, sollst du zu Herzen nehmen und sollst sie deinen Kindern einschärfen und davon reden, wenn du in deinem Hause sitzt oder unterwegs bist, wenn du dich niederlegst oder aufstehst.« Das Ziel seiner Belehrung war, daß auch seine Kinder ihre Hoffnung auf Gott setzten und die Taten Gottes nicht vergaßen, sondern seine Gebote beachteten, um die gleichen Segnungen zu empfangen wie die Väter.[16]

So prägte der Vater die moralische Wertvorstellung seiner Kinder und setzte zugleich Prioritäten, wobei der Gehorsam Gott gegenüber wichtiger wurde als materieller Reichtum.

Die Aufgabe der Kinder war es, die Eltern zu ehren. Dieses göttliche Gebot wurde dadurch verlockend, daß es denen Wohlergehen verhieß, die danach handelten. All diese Gebote und Gesetze lernte ein Kind zunächst von seinem Vater, erst später durch die Schule, in der es auch die Mischna und den Talmud studierte und die Gebete.

Wie die Gegenwart nur durch das Wissen um Vergangenes verstanden werden kann, entscheidet sich auch die Zukunft an dem, wie das Heute gelebt wird. Daher war die Erziehung im Volk Israel von größter Bedeutung, denn es ging um die Zukunft, die gebaut werden sollte.

Im modernen Israel wurden Versuche sichtbar, die Familie zugunsten einer neuen Sozialstruktur, der sogenannten Kibbuzim, aufzulösen.[17] Kinder wurden als Gemeingut betrachtet und Frauen in gleicher Weise wie Männer zur Arbeit verpflichtet, denn es galt, das Land aufzubauen und den Boden zu bearbeiten. Solche antifamiliären Gedanken wurden teilweise von russischen Immigranten eingeführt, die ihre eigene sozialistisch geprägte Tradition mit in das neue Land hinübergerettet hatten, dann aber auch von religiösen Gruppen übernommen. Doch sind in der heutigen Generation bereits Bestrebungen erkennbar, die zur traditionellen Familienstruktur zurückkehren, in der Vater und Mutter wieder primär selbst für ihre Kinder Verantwortung übernehmen. So hat auch dieser Versuch, die Familien aufzulösen, sich nicht bewährt.

Ein Blick auf das alte *Griechenland*[18] zeigt, daß auch hier eine Agrarkultur vorherrschte, was sich wiederum auf die Familienstruktur auswirkte. Der Vater war der unumstrittene Herrscher, der seine Familie nicht nur zusammenhielt, sondern bis in alle Einzelheiten hin bestimmte.

In dem sogenannten »Goldenen Zeitalter« Griechenlands wurde in Athen die Betonung vor allem auf Bildung und Kultur gelegt, während Sparta militaristisch geprägt war. Die Spartaner verließen bereits als Siebenjährige das Elternhaus, um in Militärbaracken überzusiedeln. Das hatte verständlicherweise Auswirkungen auf den väterlichen Einfluß. Dennoch blieb die Position des Vaters von größter Bedeutung, sowohl in Sparta, als auch in Athen.

Zwar klagte Platon über die Zügellosigkeit der Jugend, die sich über ihre Väter erhoben, doch war im ganzen gesehen der Vater durchaus souverän in seiner patriarchalischen Machtstellung.

Die Frau hingegen hatte einen niedrigeren Stand als der Mann und abgesehen von einigen vornehmen Gebildeten, die der Frau ein höheres Ansehen einräumten, war sie lediglich für die Produktion der Erben notwendig, sonst von geringer Bedeutung.

In der späteren Epoche galt diese absolute Herrschergewalt des Vaters nicht mehr auf Lebenszeit, sondern nur bis zum Eintritt in das Erwachsenenalter der Kinder. Danach war der Jugendliche als eine »rechtlich selbständige Persönlichkeit« anerkannt[19].

In *Rom*[20] dagegen blieb der Vater auch später noch als pater familias das Haupt der Familie. Der Sohn war, solange der Vater lebte, rechtlich unselbständig, selbst dann, wenn er im Staat bereits hohe Ämter bekleidete.[21] Der Vater war sowohl materiell, als auch moralisch für seine Familie verantwortlich. Daher oblag ihm auch die alleinige Befehlsgewalt, bis hin zum Tötungsrecht. Kraft seines Richteramtes konnte der Vater über Leben und Tod aller Hausangehörigen bestimmen, einschließlich der Schwiegertochter und der Sohneskinder.

Auch war es Sache des Hausherren, seine Kinder zu verheiraten, Ehen wieder aufzulösen oder seine Kinder zu verkaufen.

Noch Seneca[22] sprach von der quasi magistratischen Stellung der Hausväter und befürwortete diese Machtstellung wegen der Erziehung der Jugend.

Erst durch die Punischen Kriege[23] wurde die absolute Herrschaft des Vaters geschwächt[24]. Da die Männer durch die Kriege aus den Familien gerufen worden waren, lag die Verantwortung für die Familien auf den Schultern der Frauen. Besonders in den höheren Schichten wurde dadurch das Selbstbewußtsein der Frau geweckt. Und als dann die Männer aus dem Krieg nach Hause zurückkehrten, waren die Frauen nicht mehr gewillt, wieder zurückzutreten, nach dem Motto: »Wenn du der Herr bist, bin ich die Dame.« Zudem waren die Familien durch die Eroberungsfeldzüge reich geworden.

Warum sollte die Jugend noch länger zur Sparsamkeit angeleitet werden, wo es doch so viele Möglichkeiten gab, das Geld zu verschwenden?

Je mehr Römer zu Wohlstand gelangten, desto größer wurde das Vergnügungsangebot und der Anspruch auf Vergnügen. Und der Reichtum verlockte zu Ausschweifungen und führte zu sexueller Perversion und moralischer Dekadenz. Vor allem unter der Jugend herrschte sexuelle Zügellosigkeit. Homosexualität, Prostitution und Ehebruch waren die Norm, so daß die Männer vorzogen, nicht mehr zu heiraten. Die Folge war, daß mehr Kinder abgetrieben als geboren wurden und die Bevölkerungszahl immer mehr zurückging. Der Staat aber brauchte Männer für seine Kriege. So wurden schließlich von der Regierung Gesetze erlassen, die unter Strafandrohung die Männer zur Ehe zwangen, um dadurch die Familien zu retten.

Polybios, der 168 v. Chr. unter den tausend Geiseln des Achäischen Bundes nach Rom gekommen war, beschrieb das damalige Rom als eine Stadt, in der die »Neigungen der meisten eine böse Richtung genommen« hatten. Die »einen waren besessen hinter Buhlknaben her, die anderen hinter Dirnen, viele dachten nur ans Trinken oder an das Varieté.«[25] Mit einer Welt der Üppigkeit konfrontiert, entglitten sie in lustbetonte Unbeherrschtheit – und kamen zu Fall.

Aber es gab auch Stimmen, die den Sittenverfall beklagten und bestrebt waren, am Alten festzuhalten. So wird von Cato[26] berichtet, daß er – anstatt die Erziehung seinem Sklaven Chilo zu überlassen – seine Kinder selbst unterrichtete. Man sah ihn, wie er seinen Kindern das Speerwerfen beibrachte, sie schwimmen lehrte und reiten, auch half er ihnen, an reißenden Stellen den Fluß zu überqueren, und ermunterte sie, Hitze und Kälte zu ertragen, indem er selbst als ermutigendes Beispiel voranging. Seine Erziehung war frei von Angst. Er galt als milder und freundlicher Lehrer, so daß er von seiner Frau und den Kindern hoch geachtet wurde.

Mit Cato forderten auch andere das Volk zu neuem Verantwortungsbewußtsein auf und mahnten, zu dem Lebensstil der Vorväter zurückzukehren. Der Geschichtsschreiber Sallust[27] wies auf die Worte Catos hin, daß die Vorfahren der Römer nicht aufgrund der

Stärke ihrer Waffen aus einer kleinen Stadt eine große Republik geschaffen hätten; der wahre Grund für ihren Aufstieg zur Größe sei vielmehr die moralische Haltung jener frühen Generation gewesen.[28]

Zwar wünschten viele, daß »Wahrheit, Friede, Ehre und alte Keuschheit nach Rom zurückkehren« möchten; denn für sie hing – wie Livius[29] betonte – »die Zukunft des Volkes von der Wiederentdeckung seines moralischen Erbes« ab.[30] Doch konnten sie den Untergang des Reiches nicht mehr aufhalten.

Noch Paulus versuchte, den Christen in Rom ihre Verantwortung deutlich zu machen, die sie innerhalb der Gesellschaft wahrnehmen sollten.[31] Vor allem der Anfang des Römerbriefes spiegelt das Bild der damaligen Gesellschaft wider und zeigt den moralischen Erdrutsch.

Durch die Völkerwanderung um das Jahr 300 n. Chr. gerieten die verschiedenen Volksstämme in Bewegung und trugen ihre jeweilige Tradition als Saatgut mit sich. Nachdem das Christentum offiziell als Staatsreligion des römischen Reiches eingeführt wurde, fand die Stellung des Vaters innerhalb der Familie noch eine religiöse Untermauerung. Auch nach dem Untergang des Römischen Weltreiches blieb die Position des Vaters unangetastet.

Dann setzte im 17. Jahrhundert noch einmal eine Welle der Völkerwanderung ein. Durch die Nachwehen der Kriege in Europa, später durch Revolution und geringe Zukunftsaussichten zogen zunächst Abenteurer und Aussteiger, politisch und religiös Verfolgte, dann immer häufiger ganze Familien und Gruppen aus, um auf dem neu entdeckten amerikanischen Kontinent eine Heimat zu finden. Mit den ersten Siedlern gelangte die christliche Ethik bis nach Amerika und bildete auch hier den Grundstock für das soziale Leben.[32] Wie in Europa, so war auch in Amerika der Vater das unumstrittene Haupt seiner Familie und zugleich wurden die Kinder gelehrt, ihre Eltern zu ehren, um dadurch ihr eigenes Leben unter den Segen Gottes zu stellen, der denen, die sich nach seinen Geboten richteten, ein erfülltes Leben versprach.[33]

In diesem Rahmen kann selbstverständlich keine exakte soziologische Studie erstellt, vielmehr nur eine gewisse Linie aufgezeigt werden. Generell kann das europäische Völkergemisch bis zum späten Mittelalter, bzw. dem Beginn der Industrialisierung sowohl auf dem alten wie dem jungen Kontinent als Agrarvolk angesehen werden. Die Stellung des Vaters war die eines Patriarchen, der von seiner Familie als oberste Entscheidungsinstanz respektiert und geachtet wurde.

Auch in den Zünften und unter den Handelsleuten war die Machtstellung des Vaters noch unangetastet. Die Erziehung war autoritär und streng, jedoch in der Regel nicht brutal. Ziel der Erziehung war es, brauchbare Erwachsene heranzubilden, die von der Gesellschaft anerkannt wurden und später die Tradition fortsetzen konnten. Bis zum 17./18. Jahrhundert kann somit das Patriarchat als grundlegende Gesellschaftsordnung angesehen werden.

Allmählich jedoch geriet das Vaterbild ins Wanken.

Bis zur Industrialisierung spielte sich das Leben in Europa – und teilweise noch in Amerika – vorwiegend im familiären Rahmen ab. Der Vater arbeitete in unmittelbarer Nähe seiner Familie. Er war nicht nur für seine Kinder erreichbar, sondern darüber hinaus wurden die Kinder mit in seine Arbeit einbezogen. So war der Vater Meister seiner Söhne, die er in das Leben eines Bauern einführte oder mit den handwerklichen Fähigkeiten vertraut machte, so daß die Kinder ganz selbstverständlich in ihre spätere berufliche Aufgabe hineinwuchsen. Zunächst noch arbeiteten sie mit dem Vater gemeinsam, um hernach seine Arbeit fortsetzen zu können. Durch die enge Zusammenarbeit ergab sich zugleich ein Vertrauensverhältnis, denn einer war auf den anderen angewiesen.

Dann aber breitete sich die Industrialisierung aus und veränderte zunehmend das Bild der Familie. Die Erfindung der Dampfmaschine im Jahre 1764 durch den Engländer James Watt war wie ein Meilenstein, dem explosionsartig neue Entdeckungen folgten. Die Industrialisierung durchzog den alten und den neuen Kontinent und rief die Männer aus den Familien – denn sie waren es zunächst, die die schweren Maschinen bedienen mußten, während die Frauen dem Haushalt vorstanden und für die Erziehung der Kinder sorgten.

Mit der wachsenden Industrialisierung wuchs der Reichtum – aber zugleich auch der Anspruch. Zudem wurde die Kluft zwischen

Arm und Reich immer größer. Das Bewußtsein, ein Recht zu haben, war schließlich auch in den ärmsten Klassen geweckt worden. So strebte jeder nach mehr Besitz und größerem Reichtum, der eine verstärkte Unabhängigkeit versprach.

Die Menschheit wollte endlich beweisen, daß sie erwachsen ist. Das wurde 1789 in der Französischen Revolution deutlich, wo der König, der bis dahin das Vaterregime verkörpert hatte, erbarmungslos liquidiert wurde. Die Menschheit jubelte, hoffte sie doch, das Zeitalter der Emanzipation habe nun endlich begonnen. Eine Monarchie nach der anderen wurde aufgelöst.

Das Selbstbewußtsein des einzelnen nahm zu. Das eigene Land war längst zu klein geworden. Man schielte nach dem, was jenseits der eigenen Grenzen lag. Durch die Kolonialisierung versprach man sich nicht nur neue, noch unerschlossene Quellen von Rohmaterial, sondern zugleich neue Absatzmöglichkeiten für die eigenen Produkte. Die Arbeit wurde hektischer, das soziale Geflecht verwickelter und undurchschaubarer. Die Maschinen perfekter. Waren wurden massenweise produziert, mehr, als gebraucht werden konnten. Um einen besseren Absatz zu erzielen, wurden nicht nur neue Märkte im Ausland erschlossen, sondern mußte das Bedürfnis durch eine raffiniertere Werbung in den Konsumenten immer neu geweckt werden. Ein Kreislauf von Angebot und Bedürfnisbefriedigung, der Groß und Klein erfaßte. Das Prestigedenken wurde geläufig. Eine neue Moral bahnte sich an. Was der eine besaß, war auch für den anderen erstrebenswert, denn das Motto hieß: Gleiche Chance für jeden.

Die materialistische Lebensvorstellung erfaßte wie ein Virus ein Land nach dem anderen und zog schließlich die ganze westliche Welt, sowie einige Länder Asiens in ihren Bann. Zugleich erkannten die Völker, wie sehr sie aufeinander angewiesen waren und einander brauchten, um ihr Lebensziel verwirklichen zu können. Selbst Kriege, so rechnete man, brachten nicht nur Verlust, sondern bedeuteten zugleich auch Gewinn. So wurden Kriege geschürt, um daraus wieder Profit zu schlagen.

Und wieder waren es die Familien, die zahlten.

Dann löste eine Emanzipationswelle die andere ab. Emanzipation wurde zu einem Kulturbegriff. Nicht nur innerhalb der Familie herrschte der Aufstand. Der ganze Globus schien in Aufruhr geraten zu sein. Überall hatte sich neuer Zündstoff gebildet. Die Folgen von Ereignissen überstürzten sich. Ein Kolonialgebiet nach dem anderen stand auf, um die Fremdherrschaft abzuschütteln. Noch kämpfen vereinzelte Minoritäten um ihre Rechte – doch ist die Welt mündig geworden?

Wie sieht es innerhalb der Familie aus?

Durch die zunehmende Industrialisierung sind die Väter ihren Kindern immer mehr entfremdet. Der Arbeitsplatz des Vaters ist oft weit entfernt. Nicht selten ist der Vater zehn, ja zwölf Stunden von zu Hause fort. Manchmal wissen die Kinder nicht einmal, wo und was ihr Vater arbeitet. Auch wurde die Arbeit immer fachspezifischer und forderte detailliertere Kenntnisse, so daß es für die Kinder fast unmöglich wurde, die Arbeit des Vaters kennenzulernen und sein Leben, seine Interessen zu teilen.

Die lange Abwesenheit des Vaters stellte an die Mutter vermehrte Anforderungen. Durch die zunehmende Industrialisierung wurde die Landwirtschaft immer weniger attraktiv, so daß sich überall Landflucht abzeichnete. Auch wurden die Kleinbetriebe immer häufiger von großen Konzernen geschluckt, und die Städte wurden größer und anonymer. Nur die Familien wurden kleiner.

Die Großfamilien schienen auszusterben, statt dessen waren die Kleinfamilien in den Städten isoliert, was wiederum zu neuen Problemen führte. Dennoch erhofften Bauern und Handwerker in den großen Städten ein neues Paradies. Und entsprechend verlockend lauteten die Verheißungen. Aber der Preis war zu hoch. Denn: wieder war es die Familie, die zahlte. Sie lieh der Industrie ihre Väter. Sie erhielt dafür zwar Geld und soziale Sicherheit, aber die Beziehungslosigkeit innerhalb der Familie wurde immer offensichtlicher.

Je mehr die Industrie mechanisiert wurde und die schweren Maschinen durch leichtere ersetzt werden konnten, desto mehr waren nicht nur Männerkräfte gefragt. Webmaschinen beispielsweise konnten gut auch von Frauen bedient werden. Dann wurden Näherinnen gesucht und Telefonistinnen, große Bürohallen wurden errichtet, in denen Sekretärinnen arbeiteten. Immer neue Berufszweige wurden erschaffen. So strömten die Frauen herbei, um in der Industrie ein neues Selbstbewußtsein zu erlangen.

Aber auch Kinder wurden zur Arbeit in Fabriken herangezogen, denn die Industrie brauchte jeden. Aus dem alten England wird berichtet, daß Kinder manches Mal noch so klein waren, daß sie zur Arbeit getragen werden mußten.

Der Begriff Kindheit war bis dahin fremd. Kinder waren nichts anderes als eine Miniaturausgabe der Erwachsenen[34] und wurden in den Arbeitsprozeß der Erwachsenen integriert. Die Industrie verschlang jeden und lockerte allmählich die Familienbande. Nur den Reichen war es noch vergönnt, ihre Kinder unterrichten zu lassen, um sie in die Welt der Wissenschaften und der Kultur einzuführen.

Durch die Mitarbeit der Frau in der Wirtschaft wuchs ihr Geltungsbedürfnis und ihr Machtanspruch. Sie war weitgehend finanziell unabhängig geworden und strebte auch ihrem Mann gegenüber Unabhängigkeit an.

Um seine Position als Haupt der Familie noch aufrecht erhalten zu können, bemühte sich der Mann, durch seine berufliche Karriere außerhalb der Familie die Anerkennung zu erhalten, die ihm innerhalb der Familie versagt blieb. Das aber hatte zur Folge, daß der Vater noch mehr seiner Familie entglitt.

Nach 1945 hatten viele Familien nicht nur ihre Väter durch den Krieg, sondern auch die Mutter an die Industrie verloren.

Die Mutter suchte für Haus und Kinder einen Ersatz. Die sogenannten Ersatzmütter wurden immer populärer. Doch wurde auch der Nachteil sehr bald offensichtlich. Denn Kinderkrippen und Tagesmütter konnten niemals die Geborgenheit und Sicherheit ersetzen, die eine echte Mutter zu geben vermag.

Ihrer heimatlichen Zufluchtsstätte beraubt, strömten die jungen Leute in die Industriezentren, um nun auch ihrerseits das große Glück zu versuchen und ihre Autonomie anzustreben. Je mehr sie selbst über Geld verfügten, desto unabhängiger wurden auch sie. Und diese Unabhängigkeit gab ihnen das Gefühl der Überlegenheit. So fingen sie an, die alten Fesseln abzuschütteln, indem sie die Eltern, insbesondere den Vater – der ja noch das alte System verkörperte – kritisierten. Er war ja ohnehin nie erreichbar.

Hatte der Vater bis dahin durch seine finanzielle Überlegenheit noch eine gewisse Machtstellung innerhalb der Familie, so wurde diese immer schwächer, je unabhängiger seine Familie wurde.

Die Kinder heute sind sich bereits früh ihrer Rechte bewußt und bestrebt, ihre Freiheit auszukosten. Ehen werden mehr und mehr nur noch auf Zeit geschlossen. Der Vater scheint abgesetzt – und mit ihm seine Wertvorstellung verworfen.

Längst schon hat *Schweden* auch die letzten Spuren des Patriarchats gelöscht und die Gleichstellung von Mann und Frau durchgesetzt, und zwar nicht nur in Gesellschaft und Politik, in Kultur und Bildung, sondern auch im Alltag der Familie; so daß jemand, der heute noch für Männer und Frauen getrennte Rollen fordern wollte, betrachtet würde, als »käme er aus der Steinzeit«[35].

Den Trend der Rollengleichschaltung können wir inzwischen auch in der Bundesrepublik, den Niederlanden und in Nordamerika beobachten.

Wie aber wirkt sich das auf die Familien aus, wenn anstelle der Mutter der Vater die kleinen Kinder betreut und die Mutter außerhalb des Hauses für den Unterhalt der Familie sorgt? Sind die Väter ebenso gute Mütter? M. Lamb und sein Team sind dieser Frage nachgegangen und haben diese jungen Familien in Schweden untersucht, deren Väter zu Hause die kleinen Kinder betreuten.[36] Sie sind zu dem überraschenden Ergebnis gekommen, daß die Mutter – trotz ihrer beruflichen Beanspruchung – noch immer diejenige ist, die ihrem Kind die größte Zuwendung zeigt. Sie ist es, die am spontansten und innigsten mit dem Kind verbunden ist.

Diese mütterliche Schwingung, die sich selbst in der Disziplinierung zeigte, konnte vom Mann nicht erreicht werden, so sehr er sich auch bemühte. Es blieb die Frage, ob diese traditionelle Rolle der Eltern geschlechtsspezifisch, also schon biologisch, oder in der Tradition der eigenen Erziehung zu suchen ist. Da diese Entwicklung noch zu jung ist, kann die Frage nicht beantwortet werden. Doch ist es nicht schwer zu erahnen, daß auch dieser Trend wieder eine Gegenbewegung hervorrufen wird, die dann – hoffentlich – wieder zu einer stabilen Familie führt, in der der Vater Vater und die Mutter Mutter sein kann.

4. Die Ausweitung des Vater-Begriffes

Vater war nicht nur ein biologischer Begriff, sondern konnte auch im übertragenen Sinn gebraucht werden. Schon im Alten Testament wurde der Vaterbegriff auf Fürsten, Könige und Propheten ausgedehnt.[37] Und später im Neuen Testament verstand sich Paulus als geistlicher Vater, den eine besondere Zuneigung mit seinem »Sohn« Timotheus[38] verband. Auch Onesimus bezeichnet er in dem Brief an Philemon als seinen »Sohn«.[39] Ebenso nannte auch Petrus sich »Vater« seines geistlichen »Sohnes« Markus.[40] Und aus den Briefen des Johannes spricht eine fast zärtliche Liebe zu denen, die er seine »Kinder« nennt.[41] Kinder, die nicht biologisch gezeugt, sondern geistlich geboren worden waren, indem sie für die Welt Gottes gewonnen werden konnten.

Diese geistliche Vaterschaft wurde im 2. Jahrhundert von den Bischöfen übernommen, die zugleich für sich die Autorität des Vaters beanspruchten. In einem Brief an die Christen in Magnesia ermahnte Ignatius sie, dem Bischof vollen Respekt entgegen zu bringen, genauso, wie sie die »Autorität Gottes, des Vaters, achten.«[42]

Bereits in den ersten Jahrhunderten n. Chr. wurden viele Geistliche Papa oder Pappas genannt, was bis heute noch in der Bezeichnung Pater erhalten geblieben ist.

Im 3. Jahrhundert wurde der Vater-Titel ganz allgemein auf die Bischöfe übertragen, um damit anzudeuten, daß sie die Versorgung für die ihnen anvertraute Herde übernommen hatten, allerdings auch den Gehorsam als selbstverständlich erwarteten. In seinem Autoritätsanspruch erinnerte ein Bischof an den römischen Familienvater.

Papst Gregor VII. schrieb: »Wer kann daran zweifeln, daß die Priester Christi als Väter und Herren von Königen und Fürsten und aller Gläubigen anzusehen sind? Wenn wir unsere Eltern im Fleisch ehren sollen, wieviel mehr dann unsere geistlichen Eltern.«[43]

Aber auch die Bischöfe sollten sich einem Vater unterstellen. Und so wurde im 8. Jahrhundert der Papst der Vater der Väter.

Gleichzeitig aber hatte sich der Vaterbegriff auch auf die weltlichen Herrscher ausgedehnt, was unweigerlich zu Auseinandersetzungen und Rivalitäten im Herrschaftsanspruch führen mußte, nach dem Wort Jesu: »Niemand kann zwei Herren dienen . . .«[44] Also versuchte man, eine Einigung zu erzielen, die beiden Parteien nützlich war.

Im Friedensvertrag zwischen Papst Alexander III. und Kaiser Friedrich I. wurde der Papst als der »gute Vater seines frommen und lieben Sohnes und allerchristlichsten Kaisers« bezeichnet[45], und bei der Krönung der Päpste mit der dreifachen Tiara lautete der liturgische Text: »Nimm hin die Tiara und wisse, daß du der Vater von Fürsten und Königen, der Herrscher über die Welt bist, auf Erden der Statthalter unseres Heilandes, dessen Ehre und Ruhm währet in Ewigkeit . . .«[46]

Es blieb nicht aus, daß bei diesem Autoritätsanspruch sich unter den Gläubigen auch Gegenstimmen erhoben. Immer wieder standen einzelne auf, die diesen Titel als Anmaßung empfanden und nicht bereit waren, sich einer selbstangeeigneten Autorität zu unterwerfen. Schon bevor Luther offen seinen Protest zum Ausdruck brachte, kritisierte Erasmus im Jahre 1508 die kirchliche Hierarchie und weigerte sich, den Titel »Vater« oder »Heiligkeit« für den Papst anzuerkennen, zumal er darauf hinwies, daß der Alltag nicht viel von dem Wesen eines guten Vaters erkennen ließ. Und hatte Jesus selbst nicht seinen Jüngern gesagt: »Ihr sollt niemanden unter euch Vater nennen auf Erden, einer ist euer Vater, der im Himmel ist.«[47]

III. Der Mensch in der Revolte

1. Die Befreiung vom Vater-Gott

Seitdem schon im vierten Jahrhundert das Christentum zur Staatsreligion des Römischen Reiches erhoben wurde, blieben christliche Gedanken und Wertmaßstäbe auch noch nach dem Zerfall des Römischen Reiches weiter bestehen und mischten sich vielfach mit heidnischem Gedankengut. Das 15. und 16. Jahrhundert erlebte eine Wiedergeburt des griechisch-römischen Ideals der Antike und beeinflußte das Denken des westlichen Europas. Der Humanismus bahnte sich an.

Doch wie konnte das glorreiche Bild der Menschlichkeit sich über Kriege und Kriegswirren erhalten? Da wurde der Glaube an das Gute im Menschen von Grund auf erschüttert. Aber nicht nur der Mensch wurde in Frage gestellt, sondern auch das Bild Gottes, das den Menschen prägte. Und man fing an zu fragen: Wer ist dieser Gott, der über der Menschheit thront? Wurde in der Renaissance die herkömmliche Gottesvorstellung in Frage gestellt, so führte schließlich die Konsequenz dahin, dieses traditionelle Bild ganz fallen zu lassen: denn warum sollte ein Gott, der – nach Ansicht des Menschen – weder lieben noch hassen konnte, den Menschen noch länger beherrschen? War bis dahin Gott als souveräner Vater anerkannt, so versuchte man jetzt, Gott, den Vater, durch ein unpersönliches ES zu ersetzen. Diese Denkrichtung, wie sie vor allem durch Spinoza im 17. Jahrhundert vertreten wurde[1], galt als ein neues Fundament einer neuen Zeitepoche, die man stolz die »Moderne« nannte und die zugleich das Zeitalter der Aufklärung einleitete. Voltaire[2] machte sich zum Sprecher vieler, als er es wagte, sich von dieser Macht, die der Mensch Gott nannte, offen loszusagen. Für Hegel[3] bedeutete es die »Befreiung des Geistes«, und ihm folgten Schüler wie Lessing[4] und Goethe[5]. Es war der Versuch, die Vaterschaft Gottes aus dem traditionellen westlichen Kulturerbe zu verbannen. Alles wurde jetzt rationalisiert. Der Geist feierte seine Triumphe und drang in neue, bis dahin ihm unbekannte Dimensionen vor.

Nach Nietzsche[6] war die Menschheit zu lange in dem göttlichen Netz gefangen gewesen; für ihn war der christliche Glaube von »Anbeginn Verknechtung bis hin zur Selbstverstümmelung«[7]. Aber was half es, daß er jetzt Gott für tot erklärte und den Übermenschen proklamierte! War das nicht der ewig-junge Traum des Menschen, mehr zu sein, als das, was er ist?

Auch Karl Marx[8] sah in der Religion den eigentlichen Feind des Menschen, der ihn versklavte. So machte er es sich zum Ziel, die Religion auszurotten, um den Menschen in die Freiheit zu führen. Und diese Befreiung des Menschen setzte sich auch die Psychologie zum Ziel.

Für Siegmund Freud[9] war Religion eine Zwangsneurose, an der die Menschen krankten. Und dieser Gott, vor dem die Menschen zitterten, eine Erfindung des Unterbewußtseins, die dazu dient, mit den inneren Spannungen fertig zu werden. Das Über-Ich, das den Menschen an seiner freien Entfaltung hinderte, verband sich mit der Vatergestalt und wurde schließlich auf Gott projiziert.

So trägt auch das Bild, das die Menschen heute von Gott in sich tragen und gegen das sie so verzweifelt ankämpfen, nicht die Züge des Vaters, vielmehr die verzerrten Züge einer Karikatur, die all die Wesenszüge des Vaters entstellt. Nicht der Vater Jesu Christi ist es, der dem Menschen Schuldgefühle einjagt und ihn mit Strafandrohung verfolgt. Aus dem Urquell seiner eigenen Seele überträgt der Mensch all die Eigenschaften eines grausamen Despoten in das Bild Gottes, so daß er schließlich von seinen eigenen Ängsten verfolgt wird, als würde Gott wie ein blutrünstiges Ungeheuer nur darauf lauern, ihn mitsamt seiner Hoffnung zu verschlingen. Kein Wunder, daß der Mensch versucht, sich von solch einem Vater-Bild zu befreien.

Auch Einstein[10] wollte alle persönlichen Züge aus dem Gottesbegriff streichen und forderte von den Lehrern der Religion die innere Größe, »die Lehre von einem persönlichen Gott fahren zu lassen«[11]. Mitte der sechziger Jahre gewann die »Gott-ist-tot-Theologie« immer mehr Anhänger und im Jahre 1963 erklärte Paul van Buren das Wort »Gott« für tot.[12]

Aber der Mensch kann nicht autonom leben. Er braucht einen

Meister. So wendet sich der aufgeklärte Mensch dem Geheimnisvollen zu. Ja, noch während der Mensch auf der einen Seite sich offen lossagt von Gott, gründet er auf der anderen Seite heimlich die Logen. Er sucht bei Geistern und Dämonen Rat und trifft Entscheidungen nach Weisung der Sterne. Auch die New-Age-Bewegung, die heutige »Moderne«, ist letztlich nichts anderes als der Versuch, den leeren Platz wieder zu füllen. Denn wo der Mensch Gott aus dem Leben verbannt, schafft er sich Götter – wie das Volk Israel in der Wüste, das den Gott, den es weder fassen, noch beweisen konnte, eintauschen wollte gegen ein Standbild des Stieres.

Schon damals, als der Mensch Gott als Einengung abschütteln wollte, sagte er sich los von Gott, um selbst zu göttlicher Größe aufzusteigen. Doch als dann der Übermensch aus seinem Traum erwachte, war er zum Un-Menschen geworden. Dennoch baut er weiter an dem Bild des neuen Menschen, damit er endlich von dem alten Abschied nehmen kann. So probt der Mensch den Aufstand gegen Gott.

2. Die Emanzipation der Frau

Die Frau früherer Jahrhunderte nur als Unterdrückte zu sehen, würde der Wirklichkeit nicht gerecht. Zum größten Teil trifft das vermutlich zu, und doch hat es immer auch solche gegeben, die eine besondere Position innehatten.

Im alten Israel hatte die Frau eine Ehrenstellung. Sara beispielsweise, die Frau des Patriarchen Abraham, war als Fürstin hoch geachtet. Und denken wir an Frauen wie die Prophetin Deborah und Mirjam[13], oder die Königin Esther[14], so wird deutlich, daß die Frau durchaus eine Stimme hatte.

Selbst unter den Germanen genoß die Frau hohes Ansehen. Auch später im christlichen Europa war die Frau nicht etwa unterjocht. Im ausgehenden Mittelalter, mehr noch nach der Renaissance, hatte die Frau durch die Madonnenverehrung ein neues Selbstbewußtsein erhalten. Sie war nicht Sklavin, die sich ausbeuten ließ, sondern Herrin, die sich ihrer Frauenwürde wohl bewußt war. Das uns bekannte Bild der Französischen Revolution zeigt eine Frau, die als Venus mit der Fahne in der Hand ihrem Heer voranschreitet. Dennoch hatte solch ein Führungsbewußtsein immer nur vereinzelte Frauen erfaßt. Die Masse blieb davon unberührt. Im öffentlichen Leben spielte die Frau im allgemeinen eine untergeordnete Rolle. Von ihr wurde erwartet, daß sie das Haus versorgte und Kinder groß zog. In der Bundesrepublik Deutschland wurde die Frau erst 1953 laut Grundgesetz gleichberechtigt. Aber diese Gleichberechtigung mußte selbst dann noch im Alltag erkämpft werden.

Je mehr nun die Frau in das öffentliche Leben vordrang, um hier ihren Platz einzunehmen, desto größer wurde ihr die unterschiedliche und damit ungerechte Bewertung bewußt. Zwar war ihr Einsatz – vor allem in den Fabriken – dem Einsatz der Männer gleichgestellt, doch ihr Lohn war dennoch geringer. Sie wurde als Arbeitskraft geschätzt, doch niedriger gewertet als der Mann. Und sie stellte voller Verbitterung fest, daß ihr Wert von dem Mann abhing und nicht in ihr selbst begründet lag. Daher war es verständlich, daß ein junges Mädchen so früh wie möglich in eine Ehe drängte, um der Schande des »Sitzengebliebenseins« zu entgehen. Lieber einen Mann heiraten, auch wenn er geistig unterlegen war, als »alte Jungfer« zu bleiben und Mitleid und heimliche Verachtung der anderen zu ernten.

Nur zu recht wehrte sich die Frau gegen die ungleiche Beurteilung und ungerechte Lohnauszahlung. Warum mußte sie erst das mühsam erkämpfen, was für den Mann selbstverständlich war?

Durch die vermehrte Möglichkeit, sich Wissen anzueignen, wurde das Selbstbewußtsein der Frau gestärkt, denn sie erkannte, daß sie in nichts dem Mann nachstand. Dennoch blieben gewisse Berufszweige für Frauen gesperrt. Nur vereinzelt gelang es der Frau, ein Studium abzuschließen. Und selbst der Abschluß eines Studiums garantierte noch nicht, daß sie in diesem Beruf auch arbeiten durfte. Hinzu kam, daß sie selbst von vielen Frauen nicht verstanden wurde. Denn das Ideal war, als verheiratete Frau und Mutter zu Hause zu sein oder allenfalls noch als Lehrerin oder Krankenschwester zu arbeiten, oder im Geschäft und Büro. Erst im Laufe der jüngsten Zeit erkämpfte die Frau sich auch jene Berufe, die bis dahin den Männern vorenthalten waren. Und ihr Erfolg gab ihr nicht nur Selbstbestätigung, sondern auch den Mut, das bislang Unvorstellbare zu realisieren.

Heute findet man Frauen in allen Zweigen der Wissenschaft, ja, selbst Computer werden nicht selten von Frauen programmiert. Und seitdem die schweren körperlichen Arbeiten von Maschinen übernommen werden, sind es mehr und mehr Frauen, die solche Maschinen steuern, ob sie auf dem Traktor die Felder bestellen, den Bagger führen oder als Piloten Passagiere transportieren. Sie entwerfen Häuser und bauen Brücken, und die Zeiten, in denen lediglich der Körper oder die Kochkunst einer Frau Beachtung fanden, sind endgültig vorbei.

Immer dort, wo der Mensch die Schöpfungsordnung Gottes verläßt, schafft er sich Schmerzen und Leiden. Gott hatte den Mann sowie auch die Frau erschaffen. Miteinander sollten sie den Auftrag Gottes ausführen und über die Schöpfung herrschen. Die Position des Mannes war kein Privileg zum Herrschen, noch die Position der Frau die des Beherrschtwerdens. Die Schöpfung als Werkstatt Gottes war ihnen anvertraut. Hier sollten sie sich bewähren. Ihre Beziehung zueinander war durch die Liebe geregelt. Doch überall da, wo ein Mensch sich über einen anderen erhebt, wird er schuldig an der Liebe. Da sät er Haß und Verbitterung, die irgendwann Früchte tragen.

Der Psychiater Alfred Adler (1870-1937) hat seinerzeit den Begriff »Minderwertigkeitskomplex« geprägt.[15] Dieses Minderwertigkeitsgefühl wird häufig durch eine Demonstration des Überlegenseins kompensiert, was die feministische Bewegung heute bestätigt. Da schlägt das Pendel leicht von einem Extrem aus zum nächsten. Fühlte sich die Frau durch den Mann benachteiligt und unterdrückt, so will sie jetzt mit Vehemenz die eigene Potenz beweisen. Die ganze Unzufriedenheit wird herausgeschrien und durch die Unterstützung der Masse findet man Selbstbestätigung, die den Protest noch steigert. Man kämpft gegen alles, was unterdrückt, oder auch nur drückt.

Am stärksten erlebt die Frau ihre Unterdrückung in der Ehe. Diese Gemeinschaft, die Gott zum Schutze und zur Freude dem Menschen gegeben hat, wird damit zur Quelle des Fluchs. Denn ihr gilt der entschiedenste Angriff. Ehe und Familie werden als Bürde abgetan und durch neue Lebensformen ersetzt. Das Ich wird zum Götzen erhoben und die Lust als Lebensziel propagiert.

Doch selbst der Aufstand gegen Ehe und Familie ist nicht neu. Schon im Mittelalter und der Renaissance wurden Stimmen laut, die eine Ehereform forderten. Und als später Bakunin[16] in Genf sein anarchistisches Programm aufstellte, forderte er u.a. die Abschaffung der Ehe.[17] Immer offener wurde die Ehe in der Literatur ins Lächerliche gezogen und die freie Liebe vergöttert. Frei von jeder Bindung. Frei von jeglicher Verantwortung. Der Begriff Freiheit wird dabei immer willkürlicher definiert, bis hin zur Freiheit auf den eigenen Leib, wobei man glaubt, Abtreibung legalisieren zu können – und nicht merkt, wie durch das Mißverständnis einer sogenannten Freiheit das Leben eines anderen zerstört und ihm die Freiheit geraubt wird – zu werden, zu sein.

Der eigentliche Unterdrücker aber wird im Mann gesehen. Nicht nur der eigene Mann wird als Feind betrachtet, sondern alles Männliche wird zum Feindbild, das zum Kampf herausfordert. Das ist der Sprung in die Freiheit. Frei von allen Bindungen. Frei vom Vater. Frei vom Mann. Bis hin zur Selbstbefruchtung. Frei von aller Verantwortung. Auch der Verantwortung dem werdenden Leben gegenüber. In der Kritik fühlt man sich stark, und in der Leidenschaft groß.

Aber ist das, was sie als verlockenes Ziel vor Augen haben, wirklich erstrebenswert? Welch eine perverse Verzerrung des biblischen Menschenbildes wird hier gezeigt. Ist es nicht letztlich wieder der Aufstand gegen Gott, wie er uns bereits in den ersten Kapiteln der Bibel begegnet? So hat die Versuchung der Schlange im Paradies ihre Echowirkung bis heute. Hier präsentiert sich die Über-Frau, die ihr Haupt erhebt, um schließlich den Vater-Gott beiseite zu schaffen.

Die Frau wehrt sich gegen den Mann-Vater – und schon wird alles entmannt. Selbst Gott erhält feminine Namen und wird im Eifer zur Mutter-Gottheit ernannt. Dabei ist auch diese Bewegung nicht neu. Nur wird sie heute mit neuer Leidenschaft vorgetragen und durch die neuen Möglichkeiten der Kommunikation in Presse, Funk und

Fernsehen einem weiten Publikum zugängig gemacht. Ist es da noch verwunderlich, daß der Chor der Feministinnen immer stimmgewaltiger wird? Eifer war seit je ansteckend. Sie schüren sich gegenseitig an, Verbündete einer vermeintlichen Unterdrückung.

Trotz aller negativen Beimischung hat die Emanzipationsbewegung auch einen positiven Aspekt, und zwar dann, wenn durch die Emanzipation die Frau ihre Rolle als Frau ganz neu wahrnimmt und dadurch zugleich die Verantwortung des Mannes geweckt wird. Ansatzmäßig sehen wir bereits heute, wie sich ein neuer Trend abzeichnet: Der Vater kommt wieder ins Haus zurück. In dem Maße, wie der Vater seine Rolle als Vater wieder ernst nimmt, wird sich auch seine Beziehung zu seiner Frau und den Kindern verändern. Wenn das durch die Emanzipation bewirkt werden würde, wäre sie als »schöpferische Krise« sehr zu begrüßen. Doch wenn jetzt die Familie in ein Kampffeld verwandelt wird und die Kinder die Folgen zu tragen haben, hat die Emanzipation ihren eigentlichen Sinn verfeht. Da ist sie nicht mehr als ein Ausagieren niedriger Instinkte, die keinen aufbauenden Charakter haben, sondern nur niederreißen, um sich selbst darzustellen.

3. Die Emanzipation der Jugendlichen

Jugend, die sich unterdrückt fühlt, rebelliert. Das galt früher und das gilt auch heute. Bereits im Jahre 400 v. Chr. klagte Platon: »Väter und Söhne haben die Rollen vertauscht. Der Vater fürchtet sich vor dem Sohn ... Überhaupt stellen sich die Jungen auf die gleiche Stufe mit den Älteren und suchen sie in Worten und Taten zu übertrumpfen, während sich die Alten den Jungen aufdrängen und sich jugendlich gebärden, um nur ja nicht als senil oder autoritär zu gelten. Das allerschlimmste ist, daß die Leute so empfindlich werden, daß sie sich – wenn jemand ihnen auch nur den mindesten Zwang antun will, alsbald verletzt fühlen und es nicht vertragen. Ja, endlich verwerfen sie gar alle Gesetze, die geschriebenen wie die ungeschriebenen, um nur ja keinen Gebieter in irgendeiner Beziehung über sich zu haben ...«[18]

Emanzipation ist das Merkmal eines Reifungsprozesses, der sich in jeder Generation aufs neue wiederholt. Wenn man mitten in einer geschichtlichen Entwicklung steht, verliert man leicht den Überblick. Erst rückblickend wird ein Trend als Linie erkennbar, wie die Bewegung der Wellen in ihrem Auf und Ab, daß man mit Salomo sagen kann: »Es geschieht nichts Neues unter der Sonne.«[19] Und doch ist es, als hätten sich die Möglichkeiten zum Bösen wie zum Guten noch nie so krass dargestellt wie heute. Durch erweiterte Kenntnisse wurden neue Wege erschlossen und durch die verfeinerte Technik mehr Möglichkeiten gegeben. Nur der Mensch ist derselbe geblieben.

Blicken wir etwa hundert Jahre zurück, so stellen wir fest, daß die Auflehnung gegen die väterliche Autorität bereits das Grundthema der Intelligenz von damals war. Die »Kosmische Runde« suchte nach neuen Wegen, um die patriarchaische Autorität abzuschaffen.[20] Zugleich streckte sie sich aus nach kosmischen Kräften und erhob die Muttergottheit zu neuer Geltung und besann sich auf die antiken Religionen. All das, was heute in der New-Age-Bewegung so neu klingt, ist nicht neu, vielleicht nur in der Durchführung noch konsequenter.

Auch als sich später die »Wandervögel« zusammenfanden, geschah es nicht nur, um die Natur zu erleben, sondern mehr noch, dem einengenden Klima der Väter zu entrinnen.[21] Die Jugendlichen forderten völlige Autonomie, um selbst die Verantwortung für ihr Leben zu übernehmen.

Aber war das nicht genau das, was ihre Väter schon gefordert hatten? So mußten jetzt die Alten erleben, wie auch ihre Söhne gegen sie aufstanden – genau wie sie ihrerzeit gegen ihre Väter aufgestanden waren ... Schon damals begegnen wir der Idee der »Selbstverwirklichung«, die wenige Jahre später wie eine Epidemie die Massen erfaßte.

Frei von der väterlichen Bindung – das war der Tenor, der überall durchklang.

Dann kamen die zwanziger Jahre. Der Kaiser, der den großen Vater verkörperte, hatte in Holland Zuflucht gefunden. Das Volk war führerlos. Allein mit den unlösbaren Problemen. Sie suchten einen, der ihnen neue Hoffnung gab und das zertretene Selbstbewußtsein wieder belebte. Da kam Hitler. Er war nicht Vater, vielmehr der Große Bruder[22] und versprach, sie in die Freiheit zu führen. Er weckte den Stolz. Er gab der Jugend wieder ein Morgen. So jubelte das Volk ihm zu als dem Erlöser, und die Jugend sah in ihm ihr Idol, ihr Heil. Bis dieser Ruf zum Gruß eines Volkes wurde. Glaubte man, der Ausbeutung des eigenen Vaters endlich entronnen zu sein, so sah man sich jedoch schon bald betrogen. Hitler fing an, die Jugend umzuerziehen, damit sie für seine Zwecke brauchbar wurde. Er wollte eine »gewalttätige, herrische, unerschrockene, grausame Jugend ... an der nichts Schwaches und Zärtliches«[23] war. So züchtete Hitler das Raubtier Mensch. Und wie im Rausch wurden sie zu Mördern. Und die soeben noch geschürte Hoffnung auf ein Paradies mündete in bittere Enttäuschung. Die Freiheit, die man sich herbeisehnte, hatte ein jähes Ende gefunden und wurde im totalen Chaos begraben. Die Emanzipation schien ausgeträumt.

Auch aus den Studenten dieser dreißiger Jahre sind wieder Väter geworden. Die Frage ist, was haben sie ihren Kindern weitergegeben? Schweigen sie beschämt oder versuchen sie, vor ihren Kindern die eigene Schuld zu leugnen, um mit reinen Händen dazustehen? Sie selbst waren Gezeichnete. Ihre Pläne und Träume lagen zerbrochen. Zu welcher Zukunft hin sollten sie ihre Kinder erziehen? Wie sollten sie, die ihre eigene Vergangenheit nicht bewältigt hatten, ihren Kindern Orientierung geben? Wie, als die Enttäuschten und Irregeleiteten den eigenen Kindern Vertrauen vermitteln? Sie wollten ihren Kindern eine bessere Zukunft bauen, für die zu leben sich lohnte. Sie suchten die Trümmer zusammen und fingen an, den Reichtum aufzuhorten aus Angst, er könnte ihnen aufs neue zerrinnen. Aber sie waren so sehr mit dem Zerbruch der eigenen Lebensträume beschäftigt und damit, ihren Kindern Zukunft zu bauen, daß sie nicht merkten, wie ihre Kinder ihnen entglitten. Und noch während sie bemüht waren, sich neu zu orientieren, wurden aus den Kindern Studenten der sechziger Jahre.

Um die Schande der Väter nicht zu wiederholen, sagten auch diese Studenten sich los von allem, was an ihre Väter erinnerte. Sie verachteten das materialistische Streben und versuchten als Aussteiger einen neuen Lebensstil zu kreieren. Sie proklamierten die antiautoritäre Erziehung und meinten, damit eine neue Epoche einzuleiten.

Und das Ergebnis? Werden nicht auch diese Väter wiederum von ihren Kindern verachtet? Ja, ist die Verachtung, die den Vätern heute entgegengebracht wird, nicht noch vernichtender, noch erbitterter? Wird der Kampf nicht noch brutaler und kompromißloser ausgetragen?

Eine neue Gegenkultur hatte sich angebahnt und riß junge Menschen massenweise mit in den Sog. Zu Tausenden pilgerten sie zu pseudoreligiösen Kultstätten, sie schlossen sich in Kommunen zusammen, um der etablierten Sättigung ihrer Eltern zu entfliehen, und verachteten alles, was ihre Väter noch für wert hielten. Sie marschierten aus Protest gegen vermeintliche Bevormundung auf die Straßen und kämpften mit blutiger Leidenschaft gegen jede Ordnung, um ihren eigenen Lebensstil dagegen zu setzen, der geprägt war von grenzenloser Freiheit. Einer Freiheit ohne Gut und Böse. Sie rotteten sich zusammen und machten Satan und Hölle zu ihren Verbündeten und brüllten ihre Sehnsucht und Enttäuschung über die Lautsprecher. Und eine neue Philosophie nistete sich ein: das Recht auf Lust. Alles war erlaubt, was Lust bereitete, so wurde der Begriff der Freiheit interpretiert. Studentenrevolten – die Hippieszene – Drogensucht – Satankult – – alles ein einziger Protest.

Freiheit muß nicht zwangsläufig Anarchie bedeuten, genausowenig wie Ordnung gleichzusetzen ist mit Beherrschtwerden. Nur in der Bindung kann Freiheit fruchtbar sein. Wenn daher Emanzipation lediglich als Befreiung verstanden wird, um alle Bindungen abzuschütteln, wird sie dem Menschen zum Fallstrick.

Der »emanzipierte« Jugendliche heute zeigt sich haltlos, weil maßlos verwöhnt, und bereit, einem neuen Führer zu folgen.

Und wieder sind diese destabilisierten Jugendlichen irregeleitet. Sie glauben, für das rechte zu kämpfen – das glaubten ihre Väter auch! – Sie setzen sich ein für die Erhaltung der Natur – und zerstören den Menschen. Das taten ihre Väter auch!

Ökologische Gefahren sind ernst zu nehmen, aber sie sind nicht zu trennen von der Verantwortung des Menschen für das Ganze. Es ist unmöglich, auf der einen Seite sich für das Leben der Tiere und

Bäume einzusetzen, und auf der anderen Seite das Leben des Menschen zu verachten. Es ist unmöglich, für die Reinerhaltung des Wassers zu kämpfen und dabei die moralische Wertvorstellung in den Schmutz zu ziehen.

Hat sich auf der einen Seite ein ungeahntes Haßpotential angestaut, so breitet sich andererseits eine Lethargie aus, in der man ziellos vor dem Fernseher dahin dämmert und sich von Bildern grober Gewalt und Perversion einlullen läßt. Man vertreibt die Lebenslangeweile mit Bildern des Grauens, um auch die letzten Gefühle noch abstumpfen zu lassen.

Aber wie, wenn sowohl der Haß als auch die Lethargie schon wieder eine Vorbereitung sind für das, was kommt?

Wo sind die großen Hoffnungen Ägyptens? Wo die glänzenden Erfolge Griechenlands? Wo ist das mächtige Reich Roms und die Träume vom »Tausendjährigen Reich« der Nationalsozialisten? Ein Reich nach dem anderen versank. Doch die menschliche Auflehnung wiederholte sich jedesmal aufs neue. Zwar variieren die äußeren Erscheinungsbilder von einem Jahrhundert zum andern und sehen, je nach Tradition, bei den verschiedenen Völkern anders aus, doch der Grundton bleibt stets derselbe. Wie bei einer Symphonie, in der die Grundmelodie in immer neuen Variationen durchschimmert, mal dominiert, mal zurücktritt, bis sie schließlich in gewaltigen Akkorden in die Schlußkadenz mündet. So drängt auch der wiederholt geprobte Aufstand in all seiner Dissonanz zur Weiterführung.

Die Frage aber ist: wird alles in einer Disharmonie, einer chaotischen Verwirrung enden, einem Inferno, gegen das der Holocaust des Dritten Reiches ein Kinderspiel war – oder wird es in ein neues Verantwortungsbewußtsein münden, das in der geistlichen Erneuerung verwurzelt ist?

Erst der gemeinsame Vater macht Menschen zu Brüdern.

Werden die Söhne den Vater entdecken?

4. Emanzipation als politisches Programm

Emanzipation, was so viel wie Freilassung bedeutet, ist ein menschliches Bestreben, aus dem Abhängigkeitsverhältnis herauszukommen. Dieses Streben ist ein angeborener Trieb des Menschen, der schon bei einem kleinen Kind beobachtet werden kann.

So ist das Emanzipationsstreben in seinem Ansatz gut und sogar notwendig zur Reifung und zum Selbständigwerden eines Menschen.

Bei einem kleinen Kind merken wir schon in seiner frühesten Entwicklung, wie es die Hilfe eines anderen unwillig von sich weist, um zu beweisen, es alleine zu können. Jede positive Erfahrung stärkt sein Selbstvertrauen und gibt ihm Mut, sich auch an größere Schwierigkeiten heranzuwagen. Wenn dagegen ein Kind stets im Unmündigsein gehalten wird und der Erwachsene bestrebt ist, ihm jeden Handgriff abzunehmen, kann es nie eigene Kräfte entfalten. Es wird unzufrieden und unglücklich sein.

Die Befreiung aber kann niemals etwas Absolutes sein, da ein Kind von Natur aus nicht in der Lage ist, autonom zu leben. So gilt es, einen Freiraum zu schaffen, in dem es sich zwar einerseits entfalten und eigene Kräfte und Fähigkeiten erproben, andererseits aber in der Geborgenheit sicher sein kann. In absoluter Freiheit kann sich ein Kind nicht entfalten. Es braucht die Grenzsetzung, um sich orientieren zu können.

Wenn sich der Freiheitstrieb verselbständigt, loslöst von jeder Bindung, gleicht er einer gefährlichen chemischen Substanz, die nichts als Zerstörung anrichtet, in etwa der Kernspaltung vergleichbar: Solange die Atome eingebettet sind in das System, haben sie eine aufbauende, schöpferische Funktion. Herausgelöst und gespalten aber sind sie tödlich. So ist die Familie der Nährboden für ein Kind, den es braucht, um sich gesund zu entfalten.

Ein Kind lebt in der Einheit mit seinen Eltern. Seine Welt ist hell und vertrauend. Wenn jetzt diese seine Welt von außen zerstört wird, ist das Kind heimatlos. Es weiß nicht, wo es sich bergen kann. Statt dessen wird es gefüttert mit Bildern des Grauens, der Perversion, die es einfach nicht verkraften kann. Es ist ein Zeichen des Erwachsenwerdens, wenn ein Mensch anfängt, kritisch und selbständig zu denken. Aber solch ein destruktives kritisches Urteilen kann nicht als Erziehungsprogramm für Kinder gefordert werden. Das würde ja bedeuten, daß man das Fundament, auf dem ein junges Leben aufgebaut werden soll, von vornherein unterhöhlt.

Bindungslosigkeit führt zu innerer Destabilisierung.

Ein politisches Programm, das nun die Emanzipation auf Kosten der Familie anstrebt, um destabilisierte Einzelwesen nach Belieben lenken zu können, hat nicht das Wohl des Menschen im Auge, sondern programmiert die Zerstörung. Da wird der Mensch einer Idee geopfert. Solch eine Politik zielt auf Destabilisierung. Sie will nicht Gemeinschaft, sondern Masse, die gelenkt werden kann und bereit ist zum Aufstand gegen Gott und seine Schöpfung. Da werden Kräfte frei gesetzt, die der Mensch letztlich nicht mehr steuern kann.

Emanzipation führt nicht zur Gemeinschaft, denn sie schafft egozentrische Einzelwesen, die sich zwar zur Masse zusammenschließen lassen, doch alle mit dem gleichen Ziel, sich selbst zu verwirklichen. Das aber bedeutet Isolation.

Eine Gemeinschaft setzt Verzicht voraus. Da ist einer auf den anderen bedacht. Und das eigene Wohl ist abhängig von dem Wohl des Nächsten. Es heißt nun nicht: du für mich, sondern: ich für dich. Das aber ist Ausdruck der Liebe.

Emanzipation ohne Liebe ist wie ein Fluch, in dem schon der Keim der Selbstzerstörung liegt, eine Idee Satans, der als Imitator Gottes das Ziel verschiebt. Spricht Gott von der Liebe, so interpretiert Satan diese Liebe als Egozentrik. Indem aber der Mensch auf sich selbst konzentriert lebt, ist er unfähig zur Gemeinschaft. Und solch ein Leben führt zu Anarchie und letztlich zur Selbstzerstörung und ist daher früher oder später dem Tode geweiht. Das aber ist die Zielsetzung Satans: die totale Vernichtung.

Der moralische Grundsatz ist wie das Rückgrat, das den Menschen vor dem Zusammenbruch bewahrt. Darum gilt es, die Moral zu stärken.

Wenn jedoch in der Aufklärungssucht jede Hülle fällt, mit der das Kind sich decken kann, bleibt ihm nichts mehr, um sich zu schützen. Die Scham ist dem Menschen als Schutz gegeben. Ohne Scham wird

Sex zur Prostitution, ohne Keuschheit zur Ware, die x-beliebig ausgetauscht werden kann. Wo aber Liebe zur bloßen Sexualität herabgewürdigt wird, ohne Zartheit, ohne Verzicht und Verantwortung, raubt sie dem Menschen das Schönste, was er erleben kann: das Glück des gegenseitigen Sich-Beschenkens.

Eine demoralisierte Gesellschaft aber führt unweigerlich zum Untergang. Der Plage AIDS ist nicht mit technischen Hilfsmitteln zu begegnen. Und mit staatlich genehmigter Abtreibung beraubt ein Volk sich der eigenen Zukunft.

Wenn nun ein Kind gelehrt wird, die alten Maßstäbe abzulegen, die es ja noch gar nicht erproben konnte, glaubt es schließlich, ein Recht am andern zu haben. Alles, was Spaß macht, sei gut, und jeder, sei es die Gesellschaft in Form des Staates oder der Kirche, müsse ihm dienen und für seine Zukunft schon im voraus zahlen. So wird der Mensch zu einem habgierigen Konsumenten, der alles verschlingt und sich unersättlich in fragwürdige Abenteuer einläßt, um seinen Lebenshunger immer neu zu wecken.

Wenn die väterliche Grenzsetzung als veraltet abgetan wird, fehlt dem Kind die feste Form, die sein Leben davor bewahren kann, auseinanderzufallen. Es täuscht sich durch Drogen, Sex und Alkohol über seine tiefe Frustration hinweg und fängt an, die anderen zu verklagen und für sein eigenes verfehltes Leben verantwortlich zu machen.

Daher braucht ein Volk die Familie. Der Staat kann die Familie nicht ersetzen. Familie, Moral und Bildung sollten wie Säulen sein, die den Staat stützen. Das Ziel einer guten politischen Erziehung sollte ein ausgewogener, verantwortungsbewußter Bürger sein, der bereit ist, sich auch im Verzicht zu üben.

Ist das idealisiert? Solch ein Training muß in der Kernzelle, der Familie, erfolgen. Ein Kind muß dahin trainiert werden, das Leben des anderen zu achten. Es kann angeleitet werden zur Freundlichkeit und Hilfsbereitschaft; es kann lernen, sich selbst in die Gemeinschaft einzubringen mit seinen jeweiligen Gaben und Fähigkeiten. Es kann lernen zu geben, anstatt zu fordern. Den andern als gleichwertig zu achten, auch wenn er anders geartet ist, eine andere Hautfarbe hat, andere Lebensgewohnheiten. Solch ein Basisverhalten lernt ein Kind zunächst in der Familie. Und die Schulen sollten die Familien darin unterstützen, so daß es ein Miteinander, nicht Gegeneinander wird.

Solch eine Verantwortlichkeit des Menschen aber kann sich letztlich nur dort entfalten, wo sich der Mensch wieder Gott, seinem Schöpfer, unterstellt und ihn als Vater anerkennt. Erst diese innere Bindung macht den Menschen frei. Doch diese Freiheit ist nicht eine Freiheit zum Bösen, zum egoistischen Ausleben niedrigster Triebe, sondern eine Freiheit zum Gehorsam gegen Gott im Dienst am Nächsten. Solch eine innere Freiheit ist nicht von äußeren Bedingungen abhängig. Und diese Emanzipation gilt es anzustreben. Das ist etwas anderes, als eine Emanzipation, die für ihr eigenes Recht demonstriert. Aber solch eine innere Freiheit ist nur in der Einbindung möglich, so paradox das klingt.

Gott hat dem Menschen Leben anvertraut, das nur in der Abhängigkeit einen Sinn hat und zur Entfaltung kommen kann. Daher kann Emanzipation ohne Bindung an den Vater nicht gelingen.

Die Geschichte hat uns gelehrt, daß ein demoralisiertes Volk nicht überleben kann. Sollte daher ein Volk nicht den Mut finden, zur alten Moral zurückzukehren?

Der große Historiker Jacob Burckhardt, der 1848 nach Italien auswanderte, sagte voraus, daß die Welt sich nicht auf eine liberale Demokratie, sondern auf eine Tyrannei zubewege, daß Autoritarismus statt Freiheit das Charakteristikum des 20. Jahrhunderts sein würde.[24]

Wäre es daher nicht besser, Kind im Hause des Vaters zu sein, als Sklave eines Tyrannen?

Jetzt ist es höchste Zeit, daß der Vater seine Verantwortung ganz neu wahrnimmt. Auch wenn er selbst durch seinen eigenen Vater enttäuscht wurde und darum nie lernen konnte, was es bedeutet, den Kindern Vater zu sein. Es gilt, einen neuen Anfang zu setzen.

Eine kürzlich durchgeführte Untersuchung an Paaren, die in den 70er Jahren Eltern wurden, zeigte ein interessantes Ergebnis.[25] Diese Eltern, die für sich selbst Ehe und Religion ablehnten und sich gegen die protestantische Arbeitsethik stellten, zogen es vor, ihren eigenen Kindern wieder die traditionellen Werte zu vermitteln. Vor allem Väter legten wieder Wert auf Leistung, Wettbewerb und Selbstbeherrschung ihrer Kinder.

War die soziale Entwicklung bis an den äußersten Punkt der Auflösung aller bisherigen Werte gekommen, so neigt heute der Trend wieder dahin, diese verlorenen Werte neu zu entdecken.

In den letzten fünfzehn Jahren ist vor allem in den Industriestaaten die Sehnsucht nach dem Vater neu erwacht. Schon kehrt er in die Familien zurück. Man sieht ihn in Säuglingskursen und selbst bei der Schwangerschaftsgymnastik ist er dabei, um während der Geburt seiner Frau zur Seite zu stehen. Man sieht ihn mit Babys auf dem Arm spazierengehen und neben dem kleinen Sohn oder der Tochter im Sandkasten hocken. Er schiebt den Einkaufswagen durch den Supermarkt und begleitet sein Kind zur Schule. Der Vater ist wieder gefragt. Aber viele müssen es erst lernen, was es bedeutet, Vater zu sein.

IV. Die Vaterlosigkeit

1. Ursachen der Vaterlosigkeit

Die historische Entwicklung der sozialen Struktur in der westlichen Welt, einschließlich der Emanzipationsbewegung mit dem wachsenden Unabhängigkeitsstreben der Frau, drängte viele Väter aus ihren Familien und führte somit fast zwangsläufig zur Vaterlosigkeit, die inzwischen zu einem der größten gesellschaftlichen Probleme geworden ist.

Waren es früher vorwiegend die Kriege, die den Familien die Väter entrissen, so sind es heute zum größten Teil zerbrochene Ehen, die sogenannte Scheidungswaisen hinterlassen. Kinder, die durch die *Ehescheidung* ihre Väter verloren haben, sind orientierungslos, verunsichert und im tiefsten verletzt. Vor allem in der westlichen Welt haben Ehescheidungen ein erschreckendes Ausmaß angenommen, so daß es beinahe schon zur Norm gehört. Stabile Familien sind selten geworden. Das Heer der vaterlosen Kinder wächst von Tag zu Tag. Kinder, die plötzlich führungslos geworden sind, innerlich heimatlos, die nicht wissen, wie sie ihren Schmerz verstecken sollen, die enttäuscht sind, verbittert oder auch voller Aggressionen. Plötzlich allein gelassen, fühlen sie sich verraten. Sie wissen nicht, wie sie reagieren sollen.

Einer Ehescheidung sind oft Jahre der Auseinandersetzung vorausgegangen, Szenen, in die das Kind mehr oder weniger mit einbezogen wurde. Es mußte erleben, wie Vater und Mutter sich einfach nicht einigen konnten; wie die Eltern sich stritten, einander Vorhaltungen machten. Das Kind fühlte sich hin und her gerissen und wußte nicht, für wen es Partei ergreifen sollte. Mal neigte es dazu, sich auf die Seite der Mutter zu stellen, mal verstand es den Vater. Aber im Grunde liebte es beide. Und jetzt sollte es wählen. Für wen sollte es sich entscheiden? Wenn es Mutter sagte, würde es bedeuten, den Vater von sich zu schieben. Sagte es Vater, würde es die Mutter verlieren. Es wollte doch beide behalten, Mutter und Vater. Aber das Kind wurde nicht gefragt. Vater und Mutter entschieden.

Hatten sie ein Recht zu entscheiden? Hatten sie ein Recht, das Kind zu zerteilen? Einfach auseinanderzureißen, was doch zusammengehörte? Hätten sie es nicht noch einmal versuchen sollen? Gab es wirklich keinen Weg? Das Kind fühlt sich schuldig. Es klagt sich selbst an. Zugleich steigt ein Zorn auf gegen die Eltern, die es einfach nicht geschafft haben, miteinander auszukommen. Sie wollten nicht. Sie wollten sich mit einem anderen Partner verbinden, der ihnen passender erschien. Vielleicht würde dieser Partner auch ein Kind mit in die neue Ehe bringen. Es wäre sein Kind. Dann würde es selbst ein Fremdling sein. Das andere Kind wäre dem Vater oder der Mutter dann näher. Es selbst wäre wie ein Störenfried, ein lästiges Mitbringsel, das man erträgt und solange mitschleppt, bis die Zeit gekommen ist, sich von ihm zu trennen.

Es gibt Kinder, die haben es ihren Eltern nie verziehen, daß sie auseinandergegangen sind. Ihr ganzes Leben war geprägt vom Groll und der Bitterkeit. Sie hätten lieber eine Streitehe in Kauf genommen, als durch die Scheidung beide Eltern zu verlieren. Andere Kinder fühlen sich schuldig, als wären sie die Ursache der Auseinandersetzung. Sie klagen sich selbst an und sind doch nicht fähig, die Ehe wieder zu flicken.

Ein anderer Grund der Vaterlosigkeit ist die *uneheliche Geburt* eines Kindes. Ein Kind, das unehelich geboren wurde, fühlt sich u.U. sein Leben lang minderwertig, weil es ohne Vater ist. Sooft es nach dem Vater gefragt wird, will es sich verstecken. Es bedeutet ja jedesmal aufs neue eine Konfrontation mit seinem Problem. Bei jeder Frage wird die Wunde aufs neue berührt. Das Kind fühlt sich zurückgesetzt, benachteiligt. Nicht selten ist es so, daß die Mutter diesen Fehltritt nicht wahrhaben will, doch durch die Existenz des Kindes immer neu an ihre Vergangenheit erinnert wird. Unbewußt verhält sie sich dem Kind gegenüber ungerecht. Sie nörgelt an ihm herum – vor allem, wenn es gewisse Züge des früheren Partners trägt. Dann wird der verdrängte Haß auf das Kind übertragen.

Solch eine Situation kann für ein Kind unerträglich werden. Es hat ja niemanden, zu dem es fliehen kann. Es ist wie ein Gefangener an seinen Peiniger gefesselt. Aber auch dann, wenn die Mutter bemüht ist, ihr Kind zu lieben und es mehr oder weniger gelingt, dieses

Kind zu integrieren, ist es für das Kind sehr schwer, seine uneheliche Geburt zu akzeptieren. Es möchte Teil einer Familie sein.

Wenn Ehescheidung oder uneheliche Geburt Grund der Vaterlosigkeit sind, kann ein Keil zwischen das Kind und seine Mutter getrieben werden. Die Fronten verhärten sich. Der Zugang ist versperrt.

Anders ist es, wenn durch den *Tod* der Vater der Familie entrissen wird. Auch wenn der Verlust sehr schmerzhaft ist, schmiedet er doch oft die einzelnen Familienmitglieder noch inniger zusammen. Die Familie muß sich aufs neue formieren. So wird die Verantwortung des Vaters auf die einzelnen verteilt, vorausgesetzt, die Kinder sind schon groß genug, einen Teil der Verantwortung mit zu übernehmen.

Untersuchungen zufolge wird der Verlust des Vaters durch den Tod eher verkraftet, als durch Scheidung. Daher spielt die Ursache bei der Vaterlosigkeit eine große Rolle.[1]

Am häufigsten kommen Kinder aus geschiedenen Ehen in die Beratung.

2. Wie wirkt sich die Vaterlosigkeit aus?

a) Unfähigkeit zu vertrauen

Die statistische Untersuchung erfaßte vorwiegend Kinder aus Ehescheidungen. Nach Aussagen der Statistik überstehen ein Drittel der betroffenen Kinder die Vaterlosigkeit ohne erkennbaren Schaden. Ein weiteres Drittel hat große Mühe, den durch die Ehescheidung verursachten Schaden zu überwinden; d.h. diese Kinder kommen noch irgendwie im sozialen Leben zurecht, aber es ist eine gewisse Beeinträchtigung in der Anpassung erkennbar. Und das letzte Drittel der betroffenen Kinder versagt völlig, und zwar sowohl intellektuell, als auch in der Geschlechtsidentität und der sozialen Anpassung.[2]

Wenn wir fragen, was nun diesen Unterschied so signifikant werden läßt, stellen wir fest, daß die Familie der ersten Gruppe trotz des Verlustes stabil und organisiert geblieben ist, während bei der zweiten Gruppe die Familie zwar noch funktionsfähig war, doch auseinanderfiel. Und bei der dritten Gruppe versagte die Mutter völlig, so daß die Familie desorganisiert war.

Der Vater hat – oder sollte zumindest haben! – eine regulierende Funktion. Wenn er nicht da ist, gerät die Familie aus dem Gleichgewicht. Die Folge ist: Das Vertrauen des Kindes wird zutiefst erschüttert. Das wiederum löst eine Existenzangst aus. Und diese Angst kann unter Umständen das ganze Leben begleiten und in späteren Jahren als Depression zum Ausdruck kommen.

Depressionen stehen heute in der westlichen Welt an erster Stelle der seelischen Störung. Nach statistischen Angaben leidet einer von sieben an einer klinischen Depression, die irgendwo auf einen Verlust zurückzuführen ist, meistens Scheidung oder Tod oder auf Entfremdung des Vaters durch zu große Arbeitsbelastung.

H.B. Biller schließt nicht aus, daß zwischen der Vaterlosigkeit – und zwar sowohl verursacht durch Tod als auch durch Ehescheidung – und späteren Depressionen mit suizidalen Tendenzen ein enger Zusammenhang besteht.[3]

N.D. Brill und E.H. Listen kommen zu dem Ergebnis, daß Kinder, die durch eine Trennung den Vater verloren haben, stärker zu neurotischen Störungen neigen.[4]

Weil der Vater nicht mehr da ist, kann ein Kind außerdem ein zwanghaftes Sicherheitsbedürfnis entwickeln. Infolge seiner existentiellen Unsicherheit neigt es zu einem starken Abhängigkeitsbedürfnis. Wie eine Klette klammert es sich an den anderen. Auch eine extreme Schüchternheit wird beobachtet. Andere wiederum neigen zu einer schon krankhaften Gewissenhaftigkeit – oder einer zu geringen Gewissensbildung. Auch Zwänge können verstärkt auftreten. Solche psychisch auffälligen Kinder werden leicht zu Prügelknaben der Gleichaltrigen.Das vermehrt noch die ohnehin schon quälende existenzielle Angst.

Tritt die Vaterlosigkeit zwischen dem 6. und 10. Lebensjahr ein, will es das Kind zunächst nicht wahrhaben. Es entwickelt einen Abwehrmechanismus, der das Erlebte ungeschehen machen soll. Das Kind verneint die Realität und flieht in eine Scheinwelt. Aber früher oder später wird es doch mit der Realität konfrontiert. Schubweise kommt das bewußte Wahrnehmen, begleitet von tiefer Trauer. Es dauert lange, bis der Verlust immer bewußter und schließlich zur Realität wird.[5]

Hat ein Kind auf Grund der *Ehescheidung* seiner Eltern den Vater verloren, so kommt häufig noch der Verlust der Heimat und der Spielkameraden hinzu. All das Vertraute gilt es aufzugeben, um irgendwo anders ein neues Zuhause zu suchen.

Das vergrößert noch die Aggression der Mutter gegenüber, der es nicht gelungen ist, den Vater zurückzuhalten, und zugleich fühlt sich das Kind schuldig, als sei es selbst die Ursache der ganzen Misere. (Siehe auch Seite 58)

Wenn das Kind seinen Vater durch den *Tod* verloren hat, glaubt es sich aus seiner Kindheit vertrieben. Nicht selten entwickelt das Kind dann ein überstarkes Verantwortungsbewußtsein. Plötzlich ist es erwachsen geworden und meint, die Mutter trösten zu müssen. Und in der Regel läßt sich die Mutter den kindlichen Trost gerne gefallen. Dadurch fühlt sich das Kind noch mehr verpflichtet, ein kleiner Erwachsener zu sein. Es will die Stelle des Vaters übernehmen. Es will stark sein, Rat geben, die Mutter trösten, ihr beistehen. Es ist überangepaßt, um der Mutter nicht noch mehr Schmerz zuzufügen. Es versucht alles, um die entstandene Desorganisation wieder in Ordnung zu bringen.

Ähnlich reagieren Kinder zwischen dem 9. und 12. Lebensjahr. (hier überlappen sich die Lebensphasen). Ist *Scheidung* der Grund für den Verlust des Vaters, so zeigen sich wieder nicht nur Trauer, sondern auch Zorn. Die Kinder sind ärgerlich, weil die Eltern nicht imstande waren, einen gemeinsamen Weg zu finden. Vor allem Jungen können in diesem Alter sehr aufsässig werden und aggressiv, um ihrem Ärger Luft zu machen. Sie fangen an, ihre Spielkameraden, ja selbst die Mutter herumzukommandieren. Und oft wird beobachtet, daß diese Jungen sich nur schwer zum Mann entwickeln.

Verlieren Kinder dieser Altersgruppe ihren Vater durch den *Tod,* so fühlen sie sich wiederum häufig für die Mutter oder auch für die jüngeren Geschwister verantwortlich. Wenn dann jedoch zu dem Verlust des Vaters noch das Versagen der Mutter hinzu kommt, sind diese Kinder überfordert. Handelt es sich dabei um eine psychisch kranke Mutter, so werden die Kinder stark auffällig. Sie sind einfach nicht in der Lage, mit dem Verlust des Vaters einerseits und der psychischen Erkrankung der Mutter andererseits fertig zu werden.

Etwa vom 13. Lebensjahr an, also in der Adoleszenz, ist die symbiotische Beziehung mit der Mutter nicht mehr so stark ausgeprägt. Die Kinder lösen sich allmählich vom Elternhaus und orientieren sich bereits stärker nach außen. Doch jetzt sind diese jungen Heranwachsenden in besonderer Weise gefährdet. Aus ihrer Unsicherheit heraus werden sie frühreif und knüpfen leicht Beziehungen zum anderen Geschlecht an.

Hat ein Mädchen als kleines Kind den Vater verloren, verhält es sich dem anderen Geschlecht gegenüber später meistens zurückhaltend. Es hatte ja keine Gelegenheit, den Umgang mit dem anderen Geschlecht zu erlernen, es sei denn, es hatte noch Brüder zu Hause.

Wenn jedoch der Verlust des Vaters in der späteren Kindheitsphase eintritt, neigen sowohl Mädchen als auch Jungen dazu, frühe Verbindungen einzugehen, die allerdings auch leicht wieder auseinander gehen.

Kinder, die zu früh das Elternhaus verlassen, sind nicht belastbar. Oft suchen sie vorschnell ein neues Zuhause, sind dann aber der Verantwortung einfach nicht gewachsen. Sie können die Konsequenzen einer Ehe nicht einschätzen. So enden solche Verbindungen häufig im Zerbruch.

Je nach Persönlichkeit der Mutter aber gelingt es unter Umständen den vaterlosen Kindern nur sehr schwer, sich von der Mutter zu lösen. Viele Mütter klammern sich an ihre Kinder und machen dadurch ihre Kinder von sich abhängig. Sie neigen dazu, ihr Kind als Trost anzunehmen, als Ersatz für den erlittenen Verlust, sozusagen als Entschädigung. So werden die Kinder persönlicher Besitz der Mutter und zum geheimen Lebensinhalt erklärt. (In dem Kapitel »Der Vater als Tor zur Welt« werden wir noch näher darauf eingehen; s. Seite 93)

Wenn das Kind sich von der Mutter abwenden will, aber niemand da ist, der es auffängt, bleibt es in der Umklammerung gefangen. Instinktiv fühlt sich das Kind bedroht. Mißtrauen nistet sich ein. Und dieses Mißtrauen kann die ganze Persönlichkeitsentwicklung bestimmen; es kann zu einem verheerenden Störfaktor werden, der schließlich sogar den Charakter eines Menschen prägt.

Nun reagieren nicht alle Kinder gleich auf den Verlust des Vaters. Offensichtlich sind Jungen und Mädchen unterschiedlich betroffen. Den psychologischen Untersuchungen zufolge trifft der Verlust des Vaters den Jungen stärker als das Mädchen.[6] Daraus wird deutlich, daß Jungen noch mehr als Mädchen auf das männliche Vorbild angewiesen sind, denn ein Mädchen identifiziert sich stärker mit der Mutter, während ein Junge sich am Vater orientiert.

Doch andererseits gibt es ungezählte Beispiele von Frauen, die bis ins Alter hinein auf der Suche sind nach dem verlorenen Vater; vor allem dann, wenn die Mutter nicht die Geborgenheit vermittelte, die ein Kind braucht.

Ich denke an eine Frau in den mittleren Jahren. Als kleines Kind hatte sie nur selten Gelegenheit gehabt, den Vater zu sehen. Aber das Bewußtsein, daß er existierte, bedeutete für die ganze Familie Sicherheit. Doch eines Tages kam er nicht mehr nach Hause zurück. Dieser unerwartete Verlust wurde für das Leben dieser Tochter zum Schicksal. Ihr ganzes Leben war von der Suche geprägt. Unbewußt wandte sie sich an wesentlich ältere Männer, immer in der Hoffnung, den verlorenen Vater wiederzufinden. So taumelte sie von einer Enttäuschung in die andere. Es dauerte Jahrzehnte, bis eine neue Lebensorientierung eingeübt und die innere Verletzung ausgeheilt werden konnte.

b) Geschlechtsspezifische Auswirkung: Das Kind am Scheideweg

Ein Kind wird als Junge oder Mädchen geboren; doch die psychologische Geschlechtsorientierung ist noch nicht manifest. So sind die typischen biologischen Merkmale zwar als Anlage vorhanden, der Charakter jedoch wird erst im Laufe der Reifung geprägt. Nach Aussagen verschiedener Forscher ist die früheste Kindheitsentwicklung für die Geschlechtsfestlegung entscheidend, so daß letztlich das Geschlecht eines Menschen nicht nur durch die Anlage, sondern auch durch die psychologische Beeinflussung bestimmt wird, also durch die Erziehung.

Biller und Laub[7] stellten fest, daß der Vater einen großen Einfluß auf die Geschlechtsentwicklung seines Kindes – vor allem seines Sohnes – ausübt. Soweit der Vater in die Säuglingspflege mit einbezogen wird, kann schon im ersten Lebensjahr der maskuline Einfluß prägend werden. Das Kind nimmt ja bereits sehr früh wahr, daß Vater und Mutter da sind, und weiß beide voneinander zu unterscheiden. Je nachdem, wie jetzt der Vater mit seinem Sohn umgeht, vermittelt er seinem Sohn ein Stück Männlichkeit.

Nach Beobachtungen von I. Money und seinem Team wird die Geschlechtsorientierung in den ersten zwei bis drei Jahren festgelegt.[8] In diesem frühen Zeitabschnitt ist demnach durchaus noch eine angeborene Feminität eines Jungen oder Maskulinität eines Mädchens beeinflußbar. Je länger eine Geschlechtsrolle eingeübt wurde, desto schwieriger ist es, sie zu korrigieren.

Als praktisches Beispiel kann hier eine Pilotstudie angeführt werden, die von G. A. Rekers (Kalifornien) durchgeführt wurde.[9]

Eine Mutter kam mit ihrem vierjährigen Jungen, der alle Zeichen einer potentiellen Homosexualität aufwies, in die Beratung. Das Behandlungsziel bestand darin, die Maskulinität des Jungen zu fördern. Der Psychologe hielt sich verborgen, um insgeheim den Jungen zu beobachten, während die Mutter sich in demselben Raum wie ihr Sohn befand. Der Junge war von den unterschiedlichsten Spielsachen umgeben, die sein Interesse anziehen sollten. Sobald sich der Junge mit einem typischen Mädchen-Spielzeug – wie etwa einer Puppe – befaßte, sollte die Mutter ihr Desinteresse dadurch zeigen, daß sie sich in ein Buch vertiefte und den Jungen nicht beachtete. Sobald nun der Junge nach einem jungenhaften Spielzeug griff, erhielt die Mutter von dem Psychologen ein Signal. Sie legte das Buch zur Seite und wandte sich interessiert ihrem Sohn zu. Diese Zuwendung genoß der Junge als Belohnung. Innerhalb weniger Wochen veränderte sich sein Verhalten. Er bevorzugte mehr und mehr typische Jungenspiele und entdeckte allmählich seine Identität als Junge. Die weitere Entwicklung wurde über einen Zeitraum von etwa 10 Jahren verfolgt, und es bestätigte sich, daß der Erfolg nicht nur vorübergehend war, sondern daß in der Tat eine neue männliche Identität gefunden werden konnte.

Umgekehrt wurde solch eine Pilotstudie auch bei einem potentiell lesbischen Mädchen durchgeführt, mit dem Ergebnis, daß die Geschlechtsrolle durch das Verhalten der Umwelt auch in diesem Fall positiv beeinflußbar war.

Auf Grund dieser Beobachtungen kam Rekers zu dem Schluß, daß durch ein gezieltes Training sich selbst eine homosexuelle Anlage umstruktuieren läßt, vorausgesetzt, daß das Kind noch in einem Alter ist, in dem es beeinflußt werden kann.

Wie zeigt sich eine frühe homosexuelle Tendenz?

Potentielle homosexuelle Vorzeichen bei einem Jungen sind:

1) - zieht sich weiblich an, probiert beispielsweise Kleider der Mutter oder der Schwester an;
2) - gebraucht Kosmetika wie Lippenstift etc.;
3) - bewegt sich weiblich, indem er die Hüften schwingt und beobachtet genau, wie Frauen sich bewegen, diese Nachahmung wird zum Zwang;
4) - vermeidet rauhe Spiele, bevorzugt statt dessen Mädchenspielzeug;
5) - gesellt sich lieber zu Mädchen, um mit ihnen zu spielen – jedoch nicht zu schlafen;
6) - spricht mit hoher Stimme und wählt feminine Gesprächsthemen;
7) - übernimmt im Spiel konstant die weibliche Rolle;
8) - wählt gerne bei der Masturbation weibliche Kleidungsstücke als Reiz;
9) - äußert den Wunsch, ein Mädchen sein zu wollen und Kinder zu gebären.

Kommt der junge Erwachsene später zum Arzt, um seinen Penis wegoperieren zu lassen, endet solch ein Leben in einem totalen Chaos.

All diese Gedanken und Äußerungen haben einen zwanghaften Charakter, so daß der Junge wie unter einem Bann steht. Da seine narzistische Erwartung vom Partner nicht erfüllt werden kann, sind homosexuelle Beziehungen nicht von Dauer.

Die Symptome bei einem Mädchen, das lesbische Ambitionen zeigt, äußern sich ähnlich wie bei einem Jungen, nur mit dem anderen Vorzeichen:

1) - will sich wie ein Junge kleiden und evtl. auch frisieren;
2) - vermeidet Kosmetika und weibliche Pflegeutensilien;
3) - bewegt sich wie ein Junge;
4) - weigert sich, mädchenhafte Spiele mitzumachen, bevorzugt rauhe Jungenspiele;
5) - will als Junge angesehen werden und sucht ausschließlich die Gemeinschaft der Jungen;
6) - spricht in tiefer Tonlage über maskuline Gesprächsthemen;
7) - wählt einen Jungennamen als Spitznamen;
8) - bevorzugt bei der Masturbation männliche Kleidungsstücke als Reiz;
9) - äußert den Wunsch, ein Mann sein und einen Penis haben zu wollen.

Unter Umständen kommen lesbische Frauen zum Arzt mit der Bitte um eine Geschlechtsveränderung, wobei die Brust entfernt und männliche Hormone gespritzt werden sollen.

Wenn Eltern bereits im Anfangsstadium bei ihrem Kind solch eine Tendenz wahrnehmen, können sie mit Einfühlungsvermögen und Geduld die Entwicklung nicht nur stoppen, sondern in gesunde Bahnen lenken.

Eine vorübergehende Geschlechtsverwischung ist in einem gewissen Alter durchaus normal und gehört zur pubertären Entwicklung des jungen Menschen. Darum muß nicht jedes Mädchen, das sich burschikos verhält, eine potentielle Lesbierin sein! Wenn jedoch Eltern sehen, wie sich ihr Kind zwanghaft in die andere Geschlechtsrolle drängt, heißt es, wachsam zu sein, damit diese Erscheinung sich wieder in die normale Richtung wendet. Eine Durchgangsphase hat keinen zwanghaften Charakter und äußert sich nicht so verbissen wie eine echt homosexuelle Tendenz.

Wichtig ist, daß Eltern nicht moralisierend auf das Kind einreden und ihm vorhalten: »Du benimmst dich ja wie ein Mädchen! So etwas tut man doch nicht!« oder umgekehrt: »Du bist ja wie ein Junge, was sollen die anderen von dir denken!« Durch derartige Bemerkungen kann eine Neigung noch gefestigt werden, so daß dann der Junge sich tatsächlich wie ein Mädchen verhält und das Mädchen noch extremer männliche Verhaltensweisen annimmt.

Noch immer ist der Vater als Modell am besten geeignet, den Jungen zu seiner Geschlechtsrolle hinzuführen. Wenn der Vater seine Maskulinität akzeptiert, wird auch der Junge positiv zu seiner Männlichkeit stehen.

Wenn nun der Vater nicht da ist und auch kein Ersatz-Modell erreichbar ist, wird die Geschlechtsfindung eines Kindes sehr problematisch; vor allem, wenn der Junge vorwiegend von Frauen umgeben ist und auch im Kindergarten und der Schule von weiblichem Lehrpersonal beeinflußt wird.

Doch selbst die Mutter kann – wie wir an dem Beispiel der Pilotstudie sahen – in dem Jungen die Maskulinität wecken und fördern.

Untersuchungen von Biller zeigen, daß Jungen, die vor dem vierten Lebensjahr ihren Vater verloren haben, eine geringere maskuline Geschlechtsorientierung aufwiesen als Jungen, die zu einem späteren Zeitpunkt den Vater verloren. Aber auch Jungen, die bis zu ihrem zwölften Lebensjahr den Vater verloren hatten, zeigten noch als erwachsene Männer Auffälligkeiten. Eine Untersuchung der Forscher Jacobsen und Reyder[10] ergab, daß Männer, die vor dem zwölften Lebensjahr den Vater verloren hatten, teilweise große Eheschwierigkeiten hatten. Sie klagten über sexuelle Probleme wie Impotenz bis hin zu homosexuellen Neigungen.

Andere Forscher bestätigen dieses Ergebnis und stellten fest, daß Männer, die aus einem unvollständigen Elternhaus kamen, auf Grund der eigenen Persönlichkeitsunreife sich häufiger wieder von ihren Partnern trennten.[11]

Eine Untersuchung an potentiell homosexuellen Jungen im Alter von 3-13 Jahren sollte uns nachdenklich stimmen: Nach Rekers hatten 80% dieser Jungen ihren Vater vor dem 5. Lebensjahr verloren. Zwei Drittel hatten zudem eine Mutter, die psychisch auffällig war und psychotherapeutische Hilfe in Anspruch nehmen mußte, 75% der schwer homosexuell geneigten Jungen hatten weder biologische noch Ersatz-Väter.[12]

So kann die Vaterlosigkeit als ein wesentlicher Faktor für die Entstehung einer Homosexualität angesehen werden; denn auf Grund dieser Forschungsergebnisse kann gesagt werden, daß Homosexualität nicht nur eine biologische Fehlsteuerung, sondern auch eine psychologische Fehlentwicklung darstellt.

c) *Intellektuelle Auswirkung*

Es wurden Untersuchungen durchgeführt an Familien, deren Väter monatelang, manchmal auch über Jahre, von ihren Familien getrennt waren, sei es, daß die Väter dem Militär verpflichtet waren oder von der Firma ins Ausland geschickt wurden, um dort ein Projekt aufzubauen. Was auch der Grund der Abwesenheit sein mag, ein Kind reagiert auf diese Trennung negativ. Je früher das Kind eine Trennung erlebt, desto größer ist der Schaden, den es dadurch erleidet.[13]

Als typisches Trauermerkmal ist eine Regression in der Entwicklung erkennbar. Das Kind entwickelt sich zurück. Schon ein Säugling reagiert auf die Abwesenheit des Vaters negativ.

Viele Eltern meinen, das Kind sei noch zu klein, um die Trennung vom Vater überhaupt zu registrieren. Aber das ist nicht der Fall. Die Welt eines Kindes besteht aus Vater und Mutter. Schon sehr früh entwickelt das Kind eine Beziehung zu beiden.

Wenn plötzlich der Vater nicht mehr da ist, bricht für ein Kind die Welt auseinander. Es findet sich nicht mehr zurecht. Tief unbewußt sucht es den Vater. Es ist nicht mehr frei, um sich spontan seiner Umwelt zuzuwenden und das Neue aufzunehmen. Der geistige Drang, seine Welt zu erobern, läßt nach. Es wird lethargisch, zeigt keine Motivation zum Spielen, die Motorik ist verlangsamt. So bleibt es in seiner Entwicklung zurück. Demzufolge wird auch die soziale Anpassung schwierig.

Durch die Interaktion des Vaters wird die intellektuelle Fähigkeit des Kindes gefördert. Die Gegenwart des Vaters erlebt das Kind anregend. Der positive Einfluß des Vaters wirkt sich besonders auf die mathematischen Fähigkeiten aus, da der Vater bei der Problemlösung eine analytische Vorgehensweise bevorzugt.[14]

Obwohl heute in der jüngeren Generation eine Tendenzwende zu beobachten ist, wobei auch das Mädchen zu analytischem Denken erzogen wird, erscheint dennoch der Vater einem Problem gegenüber mehr sachlich distanziert als die Mutter. Während eine Frau sich mehr von ihrem Gefühl leiten läßt, bevorzugt der Mann eine sachliche Analyse. So ist der Vater bei der Problemlösung einer Orientierungskarte vergleichbar, die dem Kind hilft, sich sachlich auseinanderzusetzen. Diese Sachlichkeit fördert das mathematische Denken.

d) Vaterlosigkeit und Selbstdisziplin

Moralische Selbstbeherrschung und soziales Verhalten sind heute ein großes Problem. Auch hier spielt der Vater eine entscheidend wichtige Rolle.

Die Untersuchungen W. Mischels[15] bestätigen, daß vaterlose Kinder dazu neigen, ihre Bedürfnisse sofort zu befriedigen. Eine Verschiebung ihres Begehrens ist ihnen nicht vertraut. Diese Kinder haben es einfach nicht gelernt, ihre eigenen Ansprüche zurückzustellen, einen Wunsch zwar in sich zu tragen, aber sich auch damit zufrieden zu geben, wenn dieser Wunsch nicht – oder nicht sofort – erfüllt wird. Vaterlose Kinder neigen dazu, fordernd zu sein und von ihrer Umwelt zu erwarten, daß ihre Wünsche sofort erfüllt werden. Notfalls nehmen sie sich selbst, was sie wollen.

Ein kleines Experiment unterstrich diese Behauptung. Einer Gruppe von Kindern wurden Süßigkeiten versprochen. Den Zeitpunkt, wann sie diese Kostbarkeit erhalten sollten, durften sie selbst wählen. Wollten sie die Süßigkeiten sofort, erhielten sie jedoch nur wenig. Waren sie bereit, eine Woche zu warten, würden sie die doppelte Portion erhalten. Die Mehrzahl der vaterlos aufgewachsenen Kinder zog es vor, ihren Anteil sofort zu erhalten.[16] Dabei zeigten Kinder geschiedener Ehen größere Schwierigkeiten, mit der Verschiebung ihrer Bedürfnisbefriedigung zurecht zu kommen, als Kinder, deren Vater gestorben war. Offensichtlich haben diese Kinder aus der Ehescheidung irgendwo den Eindruck, zu kurz gekommen zu sein, als wäre ihnen etwas vorenthalten worden, das sie nun meinen, nachholen zu müssen.

Kinder, die sich positiv mit ihrem Vater identifizieren konnten, haben eine höhere moralische Vorstellung, als Kinder, die entweder kein männliches Vorbild hatten oder deren Vaterbild negativ geprägt war.[17]

Die moralische Vorstellung ist eng verknüpft mit Selbstkontrolle und Selbstdisziplin.

So erleben wir in der Praxis, daß die Patienten, die Schwierigkeiten haben, den Termin einzuhalten, auch Schwierigkeiten mit der Selbstdisziplin zeigen.

J.A.M. Meerloo bestätigt diese Beobachtung[18], wonach die Mehrzahl dieser Klienten, die Schwierigkeiten mit der Selbstdisziplin haben, vaterlos aufgewachsen sind oder eine schwierige Beziehung zu ihren Vätern haben.

Derselbe Hintergrund wird in der Jugendkriminalität sichtbar. Und es scheint ein enger Zusammenhang zwischen dem Anwachsen der Ehescheidungen und dem Ansteigen der Kriminalität zu bestehen.

3. Die alleinerziehende Mutter

Der Vater übt einen großen Einfluß auf seine Kinder aus, selbst dann, wenn er nicht unbedingt ständig erreichbar ist. Schon das Wissen um sein Dasein hat eine Bedeutung für die Kinder.

Der Psychoanalytiker M.L. Hoffmann stellt die Hypothese auf, daß der Vater auch indirekt disziplinierend auf seine Kinder einwirken kann[19] und damit die Mutter in der Erziehung hilfreich unterstützt. Wenn die Kinder wissen, daß der Vater als disziplinierende Autorität hinter der Mutter steht, werden sie ihre Aggressionen nicht so unverhüllt zum Ausdruck bringen. Sie werden vielmehr ihre Aggressionen zurückhalten.

Wenn sie dagegen wissen, daß der Vater sich entweder nicht um seine Familie kümmert oder nicht erreichbar ist, werden sie ungehemmter ihrer Mutter entgegentreten. So ist schon das Wissen um die Existenz des Vaters für die Mutter in der Erziehung ihrer Kinder eine Hilfe.

Es ist allgemein bekannt, daß Kinder aus vaterlosen Familien sich wesentlich aggressiver verhalten, als Kinder aus vollständigen Familien.[20] Mit ihrer Aggression fordern sie die Mutter zum Widerstand heraus. Solch ein Zweikampf endet nicht selten zugunsten der Kinder, so daß sie über die Mutter triumphieren und als Sieger hervorgehen.

Bei solch einem Kräftevergleich sind die meisten Mütter überfordert. Sie wissen einfach nicht, wie sie mit ihrem Kind umgehen sollen. Die Aggression der Kinder ruft als Reaktion die Aggression der Mutter heraus; aber damit verstärkt sich noch das aggressive Potential in den Kindern. Dieser Kriegszustand kann für die Mutter zu einer schweren Zusatzbelastung werden. So stehen die allein erziehenden Mütter massiven Disziplinschwierigkeiten gegenüber.

Hinzu kommt die innere Verletzung im Leben der Mutter durch den Verlust des Mannes. Die Wunde ist noch nicht geheilt; vielmehr als Trauma zurückgeblieben. Es braucht Zeit, um sich auf die veränderte Situation umzustellen. Ist die Ehe durch eine *Scheidung* auseinandergebrochen, so ist die Frau – wenn sie nicht selbst der aktive Teil war – nicht selten verbittert und durch die Verbitterung noch reizbarer geworden, so daß sie einfach nicht belastbar ist. Die Kinder erkennen sofort diese Schwäche. Und wenn sie dann noch ihrerseits die Mutter anklagen, ihr Vorwürfe machen, wird die Beziehung noch mehr belastet.

Die Mutter kämpft an zwei Fronten zugleich. Auf der einen Seite ist die innere Auseinandersetzung mit ihrem Mann noch nicht zur Ruhe gekommen, sie möchte ihn völlig aus ihrem Leben verbannen, nie mehr etwas mit ihm zu tun haben – auf der anderen Seite sieht sie die Kinder, die ja irgendwie ein Stück seines Lebens sind. So kann sie sich nie ganz von ihm lösen. Ihren Mann kann sie nicht mehr erreichen. So versucht sie – vielleicht ganz unbewußt – sich an seinen Kindern zu rächen. Sind sie nicht genau wie er? Das, was sie an ihrem Mann störte, spiegelt sich in ihren Kindern wider. Und schon überträgt sie ihren Zorn und die Enttäuschung auf ihre Kinder. Nicht direkt. Aber ihre Zurechtweisung geschieht überdimensional. Schon der geringste Widerstand löst eine Katastrophe bei ihr aus.

Hat die Mutter ihren Mann durch den *Tod* verloren, so neigt sie dazu, die Realität zunächst zu verdrängen und in ihren Kindern einen Halt zu suchen. Wenn jedoch auch weiterhin der Vater in den Alltag einkalkuliert wird, ohne wirklich erreichbar zu sein, bleibt die Familiensituation ständig in einer gewissen Schwebe, und die Familie kann sich nicht neu organisieren. Daher ist es wichtig, daß die Mutter die Realität akzeptiert.

Für vaterlose Kinder ist die Mutter der wichtigste Stabilisator. Wenn das Kind sich später zurechtfinden soll, erscheint die Ich-Stärke der Mutter noch wichtiger zu sein als Wärme und Zärtlichkeit allein. Wenn dagegen die Mutter so stark mit sich selbst und ihren Problemen beschäftigt ist, kann sie den Bedürfnissen ihrer Kinder nicht gerecht werden.

Hinzu kommt, daß alleinerziehende Mütter mehr zur Ängstlichkeit neigen. Früher war es der Mann, der mit ihr trug und die Verantwortung mit ihr teilte. Jetzt muß sie alle Entscheidungen alleine treffen.

Ängstliche Mütter neigen dazu, vor allem ihren Sohn einzugrenzen und seinen wilden Expansionstrieb zurückzuhalten aus Angst, er könne sich beim Spiel verletzen. Aber ein Junge möchte seine

Kräfte austoben, er möchte selbst seine Grenzen herausfinden. Doch für die meisten Mütter ist es bequemer, ihren Jungen unter Aufsicht zu halten, seine Aktivität zu bremsen. Das empfindet ein Junge als Einengung. Wenn seine jungenhaften Impulse stets zurückgedrängt werden, wird er unsicher und feminin oder aber aggressiv.

Ist nun die Mutter nicht nur ängstlich, sondern darüber hinaus auch besitzergreifend, so kommt es zu einer schweren Entwicklungsstörung, einer zu starken Bindung an die Mutter. Das Kind wird in seiner Selbstentfaltung gehindert und bleibt in seinem Verhalten infantil, wobei zugleich aggressive Potentiale angesammelt werden, die irgendwann zum Ausbruch kommen, häufig in Form von Depressionen oder psychosomatischen Störungen.

Einige Wissenschaftler haben die alleinerziehenden Mütter erfolgreicher Kinder untersucht und herausgefunden, daß diese Mütter bereits in ihrer Ehe relativ feminin waren und sicher genug in ihrer eigenen Geschlechtsidentität. Auch dann noch, als sie nach dem Tod ihres Mannes die väterliche Rolle mit übernehmen mußten.[21] Diesen Frauen war es gelungen, in sich neue Eigenschaften zu entwickeln, ohne dadurch ihr Frausein zu verleugnen.

Aber was soll die Mutter tun, wenn sie mit dieser veränderten Situation einfach nicht fertig wird? Ihr fehlt der ruhende Pol, an dem sie sich orientieren kann, der Spiegel, in dem sie sich selbst erkennt. Es ist ihr vielleicht gar nicht bewußt, wie sie auf ihre Kinder wirkt. Sie ist völlig in ihren eigenen Problemen gefangen. Durfte sie bis dahin schwach sein, so soll sie jetzt ihre Stärke zeigen. Hatte sie zuvor selbst Schutz gesucht, so soll sie jetzt den Kindern diesen Schutz bieten. Plötzlich ist sie allein gelassen. Allein mit ihrer Verantwortung, die sie mit keinem teilen kann. Allein in ihren Entscheidungen. Allein mit all den Problemen, die sie selbst nicht zu lösen vermag.

Für die alleinerziehende Mutter ist es wichtig, daß sie außerhalb der eigenen Familie einen Freundeskreis aufbaut. Vielleicht findet sie sogar Frauen, die sich in einer ähnlichen Situation befinden. Nicht nur für die Mutter selbst, sondern auch für die Kinder ist es sehr wichtig, daß der Kontaktkreis erweitert wird, das Leben neu kanalisiert wird. Es wird wieder geplant, gemeinsam etwas unternommen. Neue Ziele werden gesetzt.

Viele Mütter neigen dazu, sich in ihrem Schmerz zu vergraben, sich abzuschließen, als hätte das Leben aufgehört. Aber das Leben geht weiter. Der Anschluß muß wieder hergestellt werden. Das bewahrt auch die Mutter davor, im Selbstmitleid zu verharren und von der Vergangenheit zu zehren. Es hilft ihr, die Angst zu überwinden und die Bitterkeit.

Vorausgesetzt, daß die Kinder groß genug sind, wäre es sehr zu empfehlen, zumindest halbtags eine Berufstätigkeit zu übernehmen. Im Berufsleben kann die Frau eine neue Aufwertung erfahren und Selbstbestätigung, ja, auch als Frau Anerkennung finden. Wenn sie sich selbst als Person angenommen weiß, wird es ihr leichter, ihre Kinder anzunehmen und auf deren Bedürfnisse einzugehen.

Die Kinder sind nicht für die Mutter da, sondern die Mutter für die Kinder.

Wenn nun die Mutter merkt, daß sie selbst mit ihrer eigenen Verwundung nicht zurecht kommt, sollen nicht die Kinder ihre Ratgeber und Tröster sein. Da ist es gut, wenn die Mutter außerhalb der eigenen Familie Hilfe sucht, damit die eigene Verletzung aufgearbeitet werden kann.

Handelt es sich um eine Ehescheidung, wobei der Vater auch weiterhin Besuchsrecht hat, kann das für die Mutter sehr schwierig werden, da die alte Wunde immer wieder neu aufgerissen wird. Aber es geht hier primär um die Kinder. Und für die Entwicklung der Kinder ist es wichtig, daß auch der Vater einbezogen wird.

Es sei denn, es besteht die Gefahr einer Mißhandlung. Dann ist es besser, die Kinder vor dem Vater zu schützen. Was auch immer der Grund der Ehescheidung gewesen sein mag – die Mutter muß sich sehr weise verhalten. Es wäre nicht gut, die Kinder mit den negativen Seiten des Vaters zu konfrontieren oder sie gar als Spitzel zu mißbrauchen. Es geht ja darum, das Vertrauen in den Kindern wieder herzustellen.

Wenn es der Mutter gelingt, der Familie eine neue Stabilität zu geben, haben auch die Kinder eine größere Chance, den Verlust des Vaters zu überwinden.

4. Vater-Ersatz

Wie wir aus zahlreichen Untersuchungsergebnissen gesehen haben und durch die eigene Praxis bestätigen können, ist der Vater vor allem für die Entwicklung des Jungen unentbehrlich.

Kann nun der Vater aus irgendeinem Grunde seine Verantwortung nicht wahrnehmen, ist es für ein Kind von großer Bedeutung, daß ein anderer den Platz des Vaters übernimmt. Zwar wird es in den meisten Fällen nur ein Ersatz sein, aber selbst solch ein Ersatz kann ein Kind vor einer verhängnisvollen Fehlentwicklung bewahren.

Der Gedanke eines Ersatz-Vaters ist nicht etwa neu. Von der Königin Esther wird uns sogar der Name des Pflegevaters überliefert.[22] Mardochai war solch ein Ersatz-Vater, der es einem Kind ermöglichte, sich zu entfalten. Er wies Richtung, ohne einengend zu sein. Er war da und vermittelte dadurch dem Kind Sicherheit.

Auch im Mittelalter wählten vor allem die angesehenen Familien in Europa für ihre Söhne Ersatz-Väter. Oft kamen bereits die Siebenjährigen zu einem Meister in die Lehre oder wurden von einer Vertrauensperson wie ein eigener Sohn aufgezogen. Die Töchter dagegen kamen häufig zu Verwandten, um den Haushalt zu erlernen. Die Kinder waren zwar von ihren leiblichen Eltern getrennt, doch wurden sie in eine Ersatz-Familie aufgenommen.

Wieweit das zu Konflikten führte, können wir heute nicht mehr untersuchen. Vermutlich aber hat es manche Schwierigkeiten gegeben, vor allem dann, wenn sie sich den anderen Kindern gegenüber zurückgesetzt fühlten, weil sie den Eindruck hatten, daß die Adoptiveltern ihre leiblichen Kinder vorzogen.

Ein Ersatz-Vater kann selbst in der eigenen Familie gefunden werden. Schon der ältere Bruder kann für den jüngeren zu einem Modell werden, oder der Großvater, dann auch der Lehrer oder der Pfarrer – sie alle können bis zu einem gewissen Grad Vater-Stelle vertreten.

Das Verhältnis zum Stiefvater ist manches Mal sehr belastet. Dabei spielt einmal das Alter des Kindes eine Rolle, zum andern die Persönlichkeit des Adoptiv-Vaters.

Und selbst dann, wenn kein männliches Vorbild erreichbar ist, kann sogar eine Frau diesen Platz übernehmen, sei es die Großmutter oder eine Freundin der Familie. Wichtig ist, daß das Kind aus der einseitigen Mutterbindung befreit werden kann und durch eine außenstehende Person die Welt des Kindes erweitert wird.

Der Ersatz-Vater sollte zwei Voraussetzungen erfüllen:

1) ein gutes Modell sein, nach dem sich das Kind ausrichten kann und
2) Sicherheit und Geborgenheit vermitteln.

Wo keine Geborgenheit ist, findet Entwurzelung statt. Solch ein Mensch ist wie abgeschnitten von der Lebenskraft. Geborgenheit schafft Vertrauen. Vertrauen gibt Sicherheit. Nur so wird die Welt des Kindes organisch zusammengehalten.

Zweiter Teil

V. Auf der Suche nach dem Vater

1. Eine Bilanz

»Du wirst verzeihen müssen, mein Kind, das ist das Schwerste ...«, sagte die Mutter zu ihrem Sohn, als der Vater sie verlassen hatte. Und dann der Sohn zum Vater: »Vater, wir haben uns nie verstanden ... Du warst hart, du warst vielleicht nicht allzu bösartig. Es ist vielleicht nicht dein Fehler. Nicht dich, deine Gewaltsamkeit, deinen Egoismus haßte ich. Ich hatte Mitleid mit deinen Schwächen. Du schlugst mich. Aber ich war härter als du. Meine Verachtung hat dich viel stärker geschlagen. Meine Verachtung hat dich getötet ... Wir hätten gute Kameraden sein können ... Schau mich an. Ich sehe dir ähnlich ... Wenn du mich anschauen wolltest, würdest du sehen, wie ähnlich ich dir bin. Ich habe alle deine Fehler ...«

Und dann der Vater: »Mein Kind, ich vertrat Geschäftshäuser. Mein Beruf zwang mich, auf der ganzen Erde umherzuirren, von Oktober bis März war ich in der nördlichen Hemisphäre und von April bis September in der südlichen Hemisphäre. So gab es in meinem Leben nur Winter ...«[1]

Ein Bild von Vater und Sohn, als einzige Gemeinsamkeit der Haß, der sie verbindet und zugleich immer wieder neu entzweit. Und wenn sie sich anschauen, ist es, als blickten sie in einen Spiegel.

War der Vater früher wie ein Damm, der die Wasser zurückhielt und davor bewahrte, ins Uferlose sich auszubreiten, so wurde seit dem Auseinanderbrechen moralischer Wertvorstellungen und ethischer Zielsetzung vor allem seit der Französischen Revolution die Bedeutung des Vaters immer geringer geachtet. Die zunehmende Industrialisierung mit der auswechselbaren Rollenverteilung von Mann und Frau hatte eine große Orientierungslosigkeit der jungen Generation zur Folge.

Alexander Mitscherlich spricht in dem Buch *Auf dem Weg zur vaterlosen Gesellschaft* von der »hymnischen Verherrlichung des Vaters – und des Vaterlandes –«, dem in der Breite ein »sozialisierter Vaterhaß« folgte mit der Verachtung und Verwerfung des Vaters. Die daraus resultierende Entfremdung aber gebar Angst und Aggressivität, »provokatorische Allüren und eine Indifferenz für alles, was den Älteren wertvoll war« und zugleich »Einsamkeit und hektischen Erlebnishunger«. Das alles »Auswirkungen eines unsichtbar gewordenen, erloschenen Vaterbildes«[2].

Es ist eine Linie erkennbar von der Vaterverehrung über die Nichtbeachtung und Auflehnung – bis hin zum Vaterhaß. Und die begleitenden Zeichen der jeweiligen Epoche reichen von einer hohen Arbeitsmoral über Hemmungen, Konzentrationsschwäche – bis hin zu »ungezügelter Aggressivität, Destruktivität, Ansprüchlichkeit und mitmenschlicher Indifferenz«[3]. Die Sprache der heutigen Zeitepoche ist Angst, Sucht, Stumpfheit.

All die Auswüchse, wie sie sich heute zeigen, konnten letztlich nur so wuchern, weil der Vater in seiner Rolle als Vater versagt hat. Denn der Vater ist es, der die Verantwortung für seine Familie trägt und auch in seinen Kindern weckt; der Sicherheit gibt, Richtung weist und Grenzen setzt.

Ist diese Entwicklung über Jahrhunderte zurückzuverfolgen, so hat es den Anschein, als wäre der Höhepunkt bereits überschritten, der Punkt, an dem das Böse nicht noch böser werden kann. Und gerade an diesem Punkt der äußersten Diffamierung setzte eine neue Bewegung ein, der neue Trend. Schon hört man wieder den Ruf nach dem Vater.

Kommunen und Kibbuzim haben sich nicht bewährt und die Auflösung der Familie nicht das gebracht, was man sich erhoffte. Ist jetzt die Zeit gekommen, die der Prophet Maleachi geschaut hat, die Zeit, in der »Gott das Herz der Väter zu den Söhnen, und das Herz der Söhne zu ihren Vätern« kehren wird?[4]

In all den bisher durchgeführten Untersuchungen wurde deutlich, daß die Gesellschaft – und die Familie – nicht auf den Vater verzichten kann. Er ist nicht ersetzbar; denn er spielt für die gesunde Persönlichkeitsentwicklung seiner Kinder eine entscheidende Rolle.

Was kann nun der Vater tun, um für seine Kinder der Vater zu sein, den sie brauchen? Welche Erwartungen werden an ihn gestellt und wie kann er diesen Erwartungen gerecht werden?

2. Voraussetzungen für positive, fördernde Einflüsse des Vaters

Gibt es nun gewisse Voraussetzungen, die erfüllt werden müßten, um die Kinder positiv zu beeinflussen? Wenn ja, welche könnten da genannt werden?

Die Grundvoraussetzung für eine positive Beeinflussung der Kinder ist eine *intakte Ehe.*

Und hier liegt bereits das größte Problem. Wenn das Familienleben gelingen soll, so daß jedes Familienmitglied von dem Zusammenleben profitiert und sich entfalten kann, muß die Beziehung zwischen Vater und Mutter intakt sein. Die Beziehung zwischen Mann und Frau. Und daraus ergibt sich die Beziehung zwischen Eltern und Kind.

Hier sind beide gefragt, Vater und Mutter. Beide müssen ihren Beitrag leisten.

Wie oft kommen Menschen in die Praxis und suchen Rat für ihre zerbrochene Ehe. Aber was hilft es, mit einem der Partner zu sprechen, wenn sich der andere seiner Mit-Verantwortung entzieht. Beide, Mann und Frau, müssen ihren Teil zum Gelingen der Ehe beitragen. Das klingt so selbstverständlich, aber im Alltag ist es häufig so, daß die Verantwortung auf den anderen abgeschoben und die Schuld dem anderen angelastet wird.

Es wäre viel zu sagen über das Thema Ehe, doch würde es den Rahmen dieses Buches sprengen. In unserem Buch »Achtung: Fehlschaltung!«[5] haben wir versucht, die wesentlichen Punkte aufzuzeichnen. Darum möchten wir in diesem Zusammenhang nur einige Schwerpunkte setzen.

Zu einer guten Ehe gehört die *Liebe,* diese ruhige, tragende Gewißheit: Einer ist für den anderen da. Diese Liebe basiert nicht unbedingt auf einem Gefühl. Liebe ist primär Achtung und Wertschätzung des andern. Wenn mir der andere etwas wert ist, bin ich auch bereit, einen Preis für ihn zu zahlen. Dieser Preis ist die Ausschließlichkeit, d.h. ich kann diesen Partner nicht austauschen oder durch einen anderen ersetzen. Er ist einmalig, und daher ist auch meine Beziehung zu ihm einmalig.

Wie viele Ehen heute werden mit dem heimlichen Gedanken geschlossen: Wenn es nicht so funktioniert, wie man es sich vorgestellt hatte, kann man ja jederzeit wieder aus diesem Ehevertrag aussteigen. Um kein Risiko einzugehen, plädieren daher viele für eine freie Liebe, ohne Bindung. Aber solch eine Beziehung ist keine Liebe, sondern ein egoistisches Ausnutzen des andern. Zuerst muß diese Sicherheit gegeben sein, die durch die *Treue* besiegelt wird.

Wer mit dem Gedanken der Vorläufigkeit eine Ehe eingeht, hat von vornherein die Ehe verfehlt. Denn zu einer Ehe gehört das Zueinanderstehen, ganz gleich, wie der andere sich entpuppt, ganz gleich, welche unvorhergesehenen Ereignisse und Schicksalsschläge das Miteinander unmöglich zu machen scheinen. Erst wenn ich des andern sicher bin, kann ich mich öffnen. So ist die Treue das Fundament, auf der dann das *Vertrauen* wächst. Und solch ein Vertrauen muß gegenseitig sein. Liebe ohne Vertrauen ist keine Liebe. Da wird Liebe zu einem Geschäft. Wenn ich den anderen benutze, um mein eigenes Liebesbedürfnis zu stillen, oder den eigenen Trieb zu befriedigen, entehre ich ihn. Wie oft sind dann solche Beziehungen nichts anderes als eine Selbstbefriedigung zu zweit. Aber das ist nicht Sinn einer Ehe.

Wenn die Frau spürt, daß der Mann lediglich ihren Leib begehrt, jedoch über seine eigene Befriedigung hinaus nicht bereit ist, auf seine Frau einzugehen, fühlt sie sich zur Dirne degradiert. Aber andererseits, wenn die Frau sich dem Manne entzieht, um ihn gefügig zu machen, benutzt sie die Sexualität als Mittel, um ihr Ziel zu erreichen. In der sexuellen Vereinigung muß eine Übereinstimmung vorhanden sein, ein Mitschwingen. Erst in einem harmonischen Miteinander wird auch die Sexualität als Beglückung erlebt.

Wenn von vornherein die Frucht der Liebe, das Kind, ausgeschaltet wird, ist die Sexualität von ihrer tieferen Bedeutung gelöst. So wird sie leicht zu bloßer Triebbefriedigung, die nach immer neuen Techniken verlangt. Wir behaupten, daß es kein Ehepaar gibt, das sich zur Abtreibung entschlossen hat und dennoch in Freude das eheliche Zusammensein genießen kann. Wenn Schuld eine Ehe belastet, kann keine Freude aufkommen. Da wird Freude verwechselt mit Lust.

Wenn aber die Frucht der Sexualität, das Kind, empfangen wird, erhält die Liebe eine gemeinsame Aufgabe. Und diese gemeinsame Aufgabe verbindet aufs tiefste. Und ein Kind, das mit Freude empfangen wird, kann sich ganz anders entfalten als ein Kind, das nur geduldet wird, weil es nun einmal da ist. Ungezählte Ehepaare werden es bestätigen, daß die gemeinsame *Freude* an den Kindern die Eltern ganz anders verbindet.

Aber noch ein Faktor ist wichtig, um eine Ehe gelingen zu lassen: Die *Kommunikation.* Es gibt Ehepaare, die sind zwanzig, dreißig Jahre miteinander verheiratet und haben sich nichts mehr zu sagen, wie eine Quelle, die versiegt ist.

Aber wenn wir genauer hinsehen, stellen wir fest, daß sie im Grunde nie miteinander geredet haben. Vielmehr war jeder in seinen eigenen Monolog verstrickt. Es gibt verschiedene Kommunikationsformen, und jeder hat im Laufe der Zeit seine spezifische Form entwickelt.

Ein Mit-einander-Reden ist mehr als nur eine Mitteilung. Oft laufen die gemeinsam verbrachten Stunden im Telegrammstil ab. Weil das Fernsehen die Unterhaltung übernommen hat, ist der einzelne zum Schweigen verurteilt. Lediglich für die wichtigsten Mitteilungen ist noch Raum.

Oder: Der Mann kommt von der Arbeit erschöpft nach Hause und wird von einem Redeschwall seiner Frau begrüßt, die erregt alle Untaten der Kinder berichtet und die Sünden der Nachbarn vor ihm ausbreitet – dann ist auch das keine Kommunikation. Oder: Der Mann breitet die Vorzüge anderer Frauen vor seiner Frau aus; er vergleicht sie mit der charmanten Partnerin seines Geschäftsfreundes, so daß die Frau den Eindruck gewinnt: Ich bin nicht gut genug. Diese Feststellung verletzt nicht nur; sie hinterläßt ein Gefühl von Bitterkeit. Auch das ist keine gute Kommunikation.

Eine gute Kommunikation kann auf einen sehr einfachen Nenner gebracht werden: Wahrheit und Liebe. Eine Kommunikation, die auf dieser Ebene geführt wird, muß gelingen. Und solch eine Kommunikation ist erlernbar. Doch darüber haben wir bereits ausführlich in unserem Buch »Verstandenwerden und verstehen« geschrieben.[6]

Wir haben es immer wieder erfahren, daß selbst aussichtslose Ehekonflikte durch eine veränderte Kommunikation behoben werden konnten. Aber Voraussetzung ist, daß beide Partner zu einer Veränderung bereit sind und nicht von vornherein darauf warten, daß der andere sich ändert.

Für eine gute Kommunikation sind beide Partner zu gleichen Anteilen verantwortlich. Wir sprechen auch von einem »Austausch«, d.h. ich gebe, was ich habe, und empfange, was der andere mir gibt. Wenn dieser Tausch in Wahrheit und Liebe geschieht, wird das, was ich empfange, mich aufbauen, und das, was ich gebe, dem anderen dienen.

Ich erinnere mich an ein Ehepaar. Sie galten als hoffnungslos zerstritten. Die Frau hatte immer recht. Sooft der Mann unbeholfen anfing, seine Meinung zu äußern, hatte sie ihn schon niedergeredet, so daß er gar nicht dazu kam, seinen Standpunkt darzulegen. Zunächst noch versuchte er, das eine oder andere Mißverständnis richtig zu stellen, aber schließlich gab er auf, denn er kam nicht gegen seine Frau an. Sie war sehr dominierend, wußte stets, was ihr Mann sagen wollte und kam ihm auch in Gegenwart anderer zuvor. Solch ein Verhalten war für den Mann sehr demütigend, so daß er es immer mehr vermied, sich in der Öffentlichkeit mit seiner Frau sehen zu lassen; denn jedesmal endeten solche Auftritte für ihn äußerst peinlich, so daß er oft noch tagelang danach verstimmt war. Aber er konnte mit seiner Frau nicht darüber reden. Sie ließ ihn ja grundsätzlich nicht ausreden. So wurde die Beziehung zueinander immer schwieriger. Auch hatte er längst die Lust verloren, seine Frau als Frau zu begehren. Es war eine Beziehung, in der einer den anderen duldete. Schließlich wagte der Mann sich kaum noch nach Hause. Er vergrub sich oft bis in die Nächte in seinem Büro und fand immer neue Ausreden, um der unerfreulichen Begegnung mit seiner Frau auszuweichen. Das aber brachte sie noch mehr in Aufruhr. Kaum kam er nach Hause, überfiel sie ihn mit Vorwürfen und schrie ihn an. Um nicht als Unterlegener vor den Kindern beschämt dazustehen, schrie er zurück. Das war das alltägliche Begrüßungszeremoniell. Das Ergebnis ist nicht schwer zu erraten: Auch die Kinder schrien sich gegenseitig an und wurden selbst den Eltern gegenüber aufsässig. Das wiederum konnten die Eltern nicht dulden und schlugen auf die Kinder ein, um sie zurechtzuweisen. Es war ein chaotisches Familienleben, das schließlich auseinanderzubrechen drohte.

Kurz vor der Scheidung suchte mich dieses Ehepaar auf. Die Frau war davon überzeugt, der Mann müsse sich verändern. Der Mann aber bestand darauf, daß seine Frau anders werden müsse. Da aber letztlich beide unter diesem Zustand litten, und um der Kinder willen eine Scheidung immer wieder aufgeschoben wurde, waren sie bereit, es noch einmal zu versuchen.

Wir fingen nun an, systematisch an der Kommunikation zu arbeiten. Und ich war erleichtert, daß beide in der Tat darauf eingingen. Die Frau mußte lernen, ihren Mann zunächst ausreden zu lassen, bevor sie mit ihrer Deutung ihm ins Wort fiel. Und der Mann mußte lernen, seine Beobachtungen und Empfindungen angstfrei zu verbalisieren. Und je mehr sie zuhörte, desto mutiger wurde er. Erst als der Mann seine Meinung ausgesprochen hatte, durfte auch die Frau ihren Standpunkt vertreten. Ohne Aggression. Ganz sachlich. Und auf dieser sachlichen Ebene fingen sie an, aufeinander zu hören. Sie fingen an, auch einmal die Meinung des anderen stehen zu lassen, obwohl sie nicht damit übereinstimmten. So gingen wir Schritt um Schritt weiter, und von einem Tag zum anderen sollten sie über ihre Erfahrungen berichten. Das war der Anfang. Und sie lernten. Beide. Der eine lernte zu hören; der andere lernte zu reden. Und plötzlich fingen sie an, den anderen neu zu entdecken. Das ermutigte sie. Dann lernten sie, das Gute auszusprechen.

Den anderen zu bestätigen, anzuerkennen, ohne ihn sogleich abzuurteilen. Diesen oder jenen Satz positiv aufzugreifen, oder auch diese und jene Eigenschaft dankbar zu erwähnen. Durch diese Anerkennung wurde das Selbstwertgefühl des anderen gestärkt. Und aus dem gestärkten Selbstwertgefühl wurde Dankbarkeit und auch Erleichterung. So wuchs eine neue Bereitschaft, einander anzunehmen. Die abendlichen Vorwürfe hörten auf. Der Mann kam früher aus seinem Büro nach Hause. Er fing sogar an, sich auf seine Familie zu freuen.

Die Kinder merkten das veränderte Verhalten ihrer Eltern. Die Spannungen und täglichen Auseinandersetzungen wurden seltener, sie hörten sogar die Eltern miteinander lachen. So ließ auch die Aggression der Kinder nach.

Heute ist diese Familie auf dem Wege, innerlich zu gesunden. Warum? Weil Mann und Frau es lernten, miteinander zu reden – anstatt gegeneinander.

In einer guten Ehe herrschen Offenheit und Aufrichtigkeit. Keiner verbirgt etwas vor dem andern. Mann und Frau können einander die Wahrheit sagen, ohne sich unnötig zu verletzen, weil die Liebe dahinter steht. Sie weichen einander nicht aus, sondern sind bereit, sich zu stellen, auch wenn es unangenehm ist. Da ist auch keine Bevormundung und keiner will den anderen als Sprungbrett benutzen, um selbst zur Geltung zu kommen.

Eine glückliche Ehe ist auch frei von Eifersucht. Und in der Erziehung der Kinder haben beide Partner eine gemeinsame Linie. Auch wird niemals der eine den anderen in Gegenwart der Kinder beschuldigen oder kritisieren.

In einer glücklichen Ehe hat jeder seine Rolle übernommen: der Mann als Mann und die Frau als Frau. Der Mann als Vater; die Frau als Mutter. Wie oft ist schon diese Rollenverteilung verschoben. Da kann der Mann weder Mann noch Vater sein, und die Frau ist mit ihrer Rolle als Frau nicht einverstanden und kann entsprechend auch ihre Funktion als Mutter nicht bejahen. In einer glücklichen Ehe ergänzen sich beide.

Und ist die Ehe der Eltern glücklich, werden auch die Kinder glücklich sein. So besteht zwischen der Ehe der Eltern und der Persönlichkeitsentwicklung des Kindes ein enger Zusammenhang.

Aber es gibt noch andere Faktoren, die das Leben eines Kindes beeinflussen. Wir unterscheiden zwischen indirekten und direkten Einflüssen.

3. Indirekter Einfluß

a) Wenn das Leben beginnt ...

Es ist heute bekannt, daß schon der Fötus im Leib der Mutter beeinflußbar ist. Obwohl keine direkte nervliche Verbindung zwischen der Mutter und dem werdenden Kind besteht, ist doch eine hormonelle Verbindung vorhanden. So nimmt der Fötus nicht nur negative, sondern auch positive Schwingungen der Mutter wahr. Dadurch, daß die Bedrückung oder Angst der Mutter die Adrenalinausschüttung fördert, wird die mütterliche Unruhe auf das Kind übertragen.

Aber auch umgekehrt wird die freudige Erregung dem Kind mitgeteilt. Und die gleichmäßigen Herztöne der Mutter und ihr rhythmisches Gehen haben eine beruhigende Wirkung. Wir sehen, daß hier in der Tat der Vater bereits indirekt sein Kind beeinflussen kann. Wenn er seiner Frau beisteht und ihr hilft, die Zeit der Erwartung möglichst angstfrei zu überstehen, übt er damit zugleich einen positiven Einfluß auf das Leben seines Kindes aus. So bereiten Mann und Frau sich gemeinsam auf das Kommen des Kindes vor. Das verbindet beide und bedeutet für das Kind ein herzliches Willkommen.

Hundert Kleinigkeiten gilt es zu bedenken, Anschaffungen vorzunehmen. Der Mann begleitet seine Frau, er überlegt und plant mit ihr gemeinsam. Dadurch, daß der Mann aktiv in dieser Vorbereitungszeit beteiligt wird, wächst das Verantwortungsbewußtsein. Da werden Geburt und Säuglingspflege nicht einfach als Frauensache der Mutter überlassen, vielmehr unterstützt der Mann auch darin seine Frau. Das stärkt sie. Auch wird immer wieder bestätigt, daß die Gegenwart des Mannes in der schwersten Stunde der Geburt eine entscheidende Hilfe für die Frau darstellt. Und für den Mann bedeutet dieses Erleben eine Vertiefung der Gemeinschaft. Er wird mit in den schmerzvollen Prozeß hineingenommen und wird dann Zeuge, wenn dieses neue Leben geboren wird. Dadurch hat er auch hernach eine ganz andere Beziehung zu seinem Kind. Durch seine Gegenwart in der Stunde der Geburt gibt der Mann seiner Frau zu verstehen: Du bist nicht allein. Wir tragen gemeinsam. Es ist unser Kind. Und so kann er auch die Freude noch intensiver teilen.

Zahlreichen Untersuchungen zufolge ist die natürliche Geburt für die Mutter-Kind-Beziehung noch immer am besten. Allem Anschein nach ist die Bindung zwischen Mutter und Kind bei einer Kaiserschnitt-Geburt nicht so tief wie nach einem natürlichen Geburtsvorgang. Offensichtlich tragen die Schmerzen dazu bei, das Band zwischen Mutter und Kind zu verstärken. Ähnliches wird auch von Vätern berichtet. Ein Vater, der die Geburt seines Kindes miterlebt, hat eine innigere Beziehung zu seinem Kind als der Vater, der nur vor der Türe wartet.[7] Er ist auch eher bereit, sich an der Säuglingspflege zu beteiligen.

In dieser Zeit der Vorbereitung wird bereits der erste Grundstein für das Leben des Kindes gelegt: denn in dieser Zeit wird das Ur-Vertrauen gebildet. Und dieses Vertrauen gilt es dann auch nach der Geburt weiter zu festigen. Und wieder ist es die Beziehung zwischen Vater und Mutter, zwischen Mann und Frau, die dieses Vertrauen entweder untermauert – oder aber schon erschüttert.

Wenn das Kind hört, wie Vater und Mutter es sich gegenseitig gestehen: »Ich liebe dich!«, gibt das dem Kind eine tiefe Geborgenheit und Sicherheit. Solch ein Satz wirkt unter Umständen wie ein Zauber. Ich liebe dich. Aber diese Liebe muß sich auch im Umgang zeigen. Es ist nicht genug, nur den Satz auszusprechen und dann die Drecksarbeit der Frau zu überlassen, um sich selbst bequem auf dem Sofa auszustrecken. Wenn die Mutter sich von ihrem Mann geliebt weiß, wird sie entsprechend offen auch den Kindern begegnen. Fühlt sie sich dagegen abgelehnt, ist sie gereizt und nicht belastbar. Und nicht selten ist es so, daß die Aggression, die eigentlich dem Mann gilt, auf die Kinder entladen wird.

So übt der Vater durch seine Beziehung zur Mutter indirekt einen Einfluß auf seine Kinder aus. Aber auch die Mutter kann dazu beitragen, daß der Vater indirekt sein Kind beeinflußt. Ihre Worte können wie ein Spiegel sein, in dem das Kind den Vater sieht.

b) Der Vater im Spiegel

Ein Kind nimmt jedes Wort eines Erwachsenen als Faktum, das nicht angezweifelt wird; denn Zweifel ist einem Kind zunächst noch fremd. Erst später, wenn es durch negative Erfahrung zu der Erkenntnis gekommen ist, daß nicht alles, was der andere sagt, der Wahrheit entspricht, wird es mißtrauischer und vorsichtiger.

Zunächst ist es die Mutter, die mit ihrem Kind spricht. Auf diese Weise wird das Kind in das Leben eingeführt, auch wenn es nicht immer den Sinn der Worte versteht. In der Regel wird die Mutter von dem reden, was ein Kind erfreut. Sie wird gemeinsam mit dem Kind die Wolken beobachten und die Tiere, sie wird den Autos auf der Straße nachblicken und den Menschen. Und sie wird dem Kind alles mögliche erzählen. Am meisten aber wird sie von dem einen sprechen, der sie beide miteinander verbindet: dem Vater. Vielleicht ist er gerade zur Tür hinausgegangen, um ins Geschäft zu fahren. So nimmt die Mutter ihr Kind auf den Arm und winkt dem Vater nach. Das Kind sieht, wie er ins Auto steigt und wegfährt. Um jetzt dem Kind den Abschied zu erleichtern, wird die Mutter erzählen, was der Vater arbeitet und wie er sich jetzt schon darauf freut, gleich wieder nach Hause zu kommen, um mit dem Kind zu spielen. Immer wieder wird die Mutter ihm den Namen vorsprechen: Pa-Pa. Und dann versucht das Kind, die Worte nachzuformen. Es ist der schönste Augenblick für den Vater, wenn er eines Tages nach Hause kommt und hört, wie sein Kind sich bemüht, seinen Namen auszusprechen. Noch kann kein Fremder das verstehen. Nur der Vater.

Kinder, deren erstes Wort Papa ist, zeigen, daß zwischen Vater und Mutter eine innige Beziehung besteht. Denn es ist ein Beweis dafür, daß die Mutter viel vom Vater erzählt hat.

Als unsere Kinder noch klein waren und der Vater einige Zeit zu einem Kongreß unterwegs sein mußte, waren die Tage angefüllt mit der Vorfreude auf sein Nachhausekommen. Der ganze Tag war auf den Vater ausgerichtet. Wieder und wieder malten sie sich aus, was sie alles machen könnten, wenn ... Ein altes Bettlaken wurde zu einer Fahne, die nicht nur die rote Sonne Japans zeigte, sondern lauter bunte fröhliche Figuren tanzen ließ. Alles atmete die Vorfreude auf ein Wiedersehen. Wie wichtig war es für die Kinder, von der Mutter so vieles über ihren Vater zu erfahren. Bis abends, wenn sie dann in Vaters Bett schlafen durften, wurde erzählt – vom Vater. Sie waren davon überzeugt, den besten Vater der ganzen Welt zu haben.

Und entsprechend leuchtend waren auch die Gesichter, als endlich der Zug einlief. Innerhalb von Sekunden hingen die Kinder am Hals des Vaters, immer noch die Fahne in den kleinen Händen haltend. Und dann wurde erzählt, und all die kleinen Überraschungen wurden ausgepackt, die in der Wartezeit entstanden waren. So spiegelt sich das Bild des Vaters in den Worten der Mutter wider.

Oder auch, wenn das Kind hört, wie man in der Nachbarschaft über den Vater spricht und in der Schule. Ein Kind freut sich, wenn der Vater auch von anderen anerkannt wird und seine Arbeit oder er selbst Beachtung findet.

Wie das positive Reden einen positiven Einfluß ausübt, verfehlt auch das negative Reden nicht seine Wirkung. Hier muß die Mutter sehr behutsam ihre Worte abwägen.

Vielleicht ist sie von ihrem Mann enttäuscht. Vielleicht lebt sie von ihm getrennt. Trotzdem aber bleibt er der Vater des Kindes!

Vielleicht auch fühlt sie sich einfach nicht stark genug, um die Kinder zu führen. Da sucht sie einen Beistand, irgendeine Instanz, die sie heranziehen kann, um ihren Worten Nachdruck zu verleihen.

Vermutlich sind die Zeiten bald endgültig vorbei, wo Mütter ihren Kindern mit dem »Schwarzen Mann« drohen. Oder doch nicht? Vielleicht hat dieser »Schwarze Mann« heute andere Namen. Für die einen ist es der »liebe Gott«, der dann eben nicht mehr »lieb« ist. Ob diese Eltern wirklich davon überzeugt sind, daß ein kindlicher Trotz Gott verletzt? Und wenn eine Mutter sagt: »Wenn du das tust, wird Jesus ganz traurig sein.« Woher weiß sie das? Wenn sie es aber nicht weiß, warum sagt sie es dann? Es würde viel eher der Realität entsprechen, wenn die Mutter sagen würde: »Ich ärgere mich über dich, weil du das oder jenes getan hast.« Das Kind muß ja lernen, sein Verhalten richtig einzuschätzen. Jetzt weiß es: Die Mutter ist ärgerlich, wenn ich mich so verhalte.

Wie oft auch hört man den Satz: »Warte nur, wenn erst der Vater nach Hause kommt, dann . . .« Und das Kind weiß sehr wohl, was

»dann« kommt. Es ist nicht schwer zu erraten, daß das Kind sich nicht auf die Rückkehr des Vaters freut.

Aber das Kind braucht gar nicht zu warten, bis der Vater am Abend nach Hause kommt, das kann die Mutter auch spontan erledigen und durch einen festen Klaps ein spürbares Zeichen setzen, damit das Kind lernt, daß hier eine Grenze überschritten wurde. Dann ist die Angelegenheit erledigt: Und wenn der Vater am Abend kommt, kann das Kind ihm unbeschwert begegnen.

Doch wenn die Mutter sich hinter dem Vater versteckt und ihn als eine fremde Autorität heranzieht, um ihren Worten Nachdruck zu verleihen, darf sie sich nicht wundern, wenn der Vater zum Feind wird. Durch die Phantasie des Kindes wächst das Bild des Feindes ins Gigantische, so daß die Realität verzeichnet wird. Solch eine Kampfmethode ist nicht fair. Und der Schaden, der dadurch entsteht, ist nicht abzugrenzen.

Daher sollten indirekte Einflüsse nicht unterschätzt werden.

Das positive Reden hat einen aufbauenden, fördernden Charakter. Aber das negative Reden ist destruktiv und zerstört.

4. Direkter Einfluß des Vaters

a) Das Vorbild in der Erziehung

Es war ein entzückendes Bild, unseren Nachbarn zu beobachten: der große Vater mit der schweren Schubkarre, neben ihm sein kleiner Sohn, der ihm schieben half. Und wenn sie miteinander im Garten arbeiteten, hatte auch der Sohn einen Spaten. Ja, was wäre der Vater ohne seinen Sohn! Und als es darum ging, das Dachgeschoß auszubauen, schwang auch der Sohn einen Hammer. Genau wie der Vater. Und in dem kindlichen Gesicht lag Stolz. Man konnte es sehen, er war stolz auf seinen Vater. Und wenn er auf den Schultern seines Vaters nach Hause ritt, lag ein triumphierendes Lächeln um seinen Mund, als wollte er sagen: »Mein Vater kann alles ...«

Wohin auch der Vater sich wandte – sein kleiner Sohn folgte ihm auf Schritt und Tritt.

Schon für ein kleines Kind ist der Vater ein Modell, das es nachahmt. Das Kind will gleichsam in die Haut des Vaters schlüpfen. Kennen wir nicht alle jene drolligen Bilder, wenn der Kleine in den großen Schuhen des Vaters daher stapft und die langen Ärmel von Vaters Jacke herunterhängen – und dabei das strahlende Lächeln, so stolz: In den Sachen des Vaters ...

Ein Kind beobachtet. Es will nachahmen und durch das Nachahmen – lernen. Es will so sein, wie der andere, um dasselbe zu erreichen, nämlich anerkannt zu sein. Der Nachahmungstrieb ist dem Kind eigen – trotz aller Originalität. Dadurch lernt es, ein Selbst zu werden und seinen eigenen Weg zu finden. Darum braucht das Kind einen, den es bewundern kann. Es braucht einen Helden, den Starken, der nicht überlistet werden kann.

Am meisten aber lernt es von dem, den es liebt. Darum braucht das Kind den Vater.

Wenn der Vater sich morgens schon nörgelnd aus dem Bett quält und mürrisch seine Tasse Kaffee hinunterschlürft und mit Fluchen das Haus verläßt, um der verhaßten Arbeit nachzugehen – welch ein Bild wird er dann seinem Kind vermitteln? Durch solch ein Verhalten kann das Kind keine positive Beziehung zur Arbeit entwikkeln. Wenn dagegen ein Vater mit Freuden in seinem Beruf steht und für ihn Pünktlichkeit selbstverständlich ist und er Termine einhält, die er versprochen hat, wird ein Kind solche sozialen Regeln ganz selbstverständlich übernehmen.

Wenn der Vater glaubt, sich zu Hause gehen lassen zu können mit der Begründung, den ganzen Tag in der Firma sich zusammennehmen zu müssen, so irrt er. Wenn er in seiner Firma die Fassung verliert, ist das nicht so verhängnisvoll, als wenn er zu Hause versagt. In der Firma sind es Erwachsene, die ihn erleben, Fremde, aber hier sind es die Augen seines Kindes, die ihn beobachten und alles, was er tut, unbewußt oder auch bewußt registrieren und zum Vorbild nehmen.

Wenn ein Kind merkt, daß es der Vater mit der Wahrheit nicht so genau nimmt, wird ihm auch bald die erste Lüge entschlüpfen. Und es wird nicht lange dauern, da ist es für das Kind zur Routine geworden, die Unwahrheit zu sagen. Oft sind dann die Eltern ganz entsetzt. Aber haben sie nicht diese Unwahrheit gesät, als sie selbst zur Lüge ihre Zuflucht nahmen?

Wenn der Vater glaubhaft ein Leben in der Wahrheit vorlebt, wird auch das Kind die Freude an der Wahrheit entdecken.

Auch die Art, wie der Vater mit der Mutter redet, nimmt ein Kind wahr. Wenn sich ein Vater liebevoll und anerkennend verhält und in einem ruhigen, ehrfürchtigen Ton mit seiner Frau redet, wird auch das Kind sich der Mutter gegenüber respektvoll verhalten. Aber wenn der Vater seine Frau in Gegenwart der Kinder herunterputzt, wird auch das Kind bald allen Respekt verlieren und genauso die Mutter anschreien.

Schon wenn es sieht, daß der Vater der Mutter bei Tisch für das Essen dankt, wird auch das Kind lernen, der Mutter »danke« zu sagen – und es später auch in der Ehe noch beibehalten.

Kleine Gesten – welch eine Wirkung im Alltag! Ein kleines Wörtchen. Aber der Vater muß es seinem Kind vorsprechen: *danke*! Auch kann der Vater von seinem Kind keine Selbstbeherrschung erwarten, wenn er selbst sich nicht beherrschen kann. Er muß das Beispiel geben. Verzicht wird für ein Kind nur dann eine erstrebenswerte Tugend, wenn auch der Vater zurücktreten kann, ohne bitter zu werden.

Das Kind wird lernen, dem anderen zu verzeihen, wenn einer da ist, der ihm die Vergebung vorgelebt hat.

Es wird aufhören, sich selbst zum Ziel zu machen und seine Vorstellung zum Maßstab, wenn einer da ist, der bereit ist, auf den eigenen Vorteil zu verzichten.

Was der Vater ist und was er tut, wie er sich verhält und wie er redet – all das wird vom Kind übernommen. Darum ist es so wichtig, daß der Vater sich dieser seiner Verantwortung bewußt wird.

Was hilft die kostspieligste Erziehung mit den modernsten Kenntnissen der Psychologie – wenn der Vater selbst versagt. Der Vater als Person. Der Vater als Mann. Der Vater als Freund. Der Vater als Vater. Er ist das lebendige Vorbild, auf das die Kinder blicken und nach dem sie sich ausrichten. Er ist wie ein Anker, der das Kind hält. Und wenn das Kind sich nach außen orientiert, um seine kleine Welt zu vergrößern, gibt ihm noch immer der Vater Sicherheit und das Vertrauen, das es braucht.

Heute ist der Trend, alle Grenzen niederzureißen. Letztlich muß der andere zahlen. Das ist seine Pflicht. Sonst wird er verklagt. Pauschalurteile werden gefällt. Schlagworte nachgeschrien. Die Sucht nach Kritik. Die Lust am Zerstören – in solch einer Welt wächst das Kind heran. Und immer ist das Kind unbewußt auf der Suche nach einem, mit dem es sich identifizieren kann. Es sucht ein Idol. Es spricht wie sein Idol und verhält sich wie jenes und weckt es in seinen Träumen zum Leben. Solch ein Idol hat eine Machtstellung im Leben des Kindes. Fernsehhelden und Popstars – wer »in« ist, wird zum Idol. Aber wenn es jetzt im Vater einen Menschen sieht, der anders handelt, anders denkt, anders lebt, wird auch im Kind der Mut und die Freude an der Originalität geweckt werden.

Zwar wird ihm durch die Schule schon früh beigebracht, daß es Macht hat. Und es wird gelehrt, diese Macht einzusetzen – notfalls auch gegen die Eltern. Aber im Grunde ist es damit überfordert. Es will nicht Macht. Es sucht Geborgenheit. Geborgenheit aber ist nur in der Unterordnung möglich. Erst der feste Rahmen gibt dem Kind die Sicherheit, und in den Grenzen lernt es, sich zu entfalten.

Darum braucht ein Kind den Vater.

Pausenlos dringen Bilder und Geräusche auf das Kind ein, denen es so schnell gar nicht folgen kann. Auch sind da Bilder, die es nicht einzuordnen vermag. Krieg. Gewalt. Sexualität. Perversion. Alles spielt sich vor den Augen eines Kindes ab. Es ist von der Bewegung fasziniert und kann sich nicht losreißen. So jagen in einem hektischen Durcheinander Bilder und Geschehnisse an ihm vorbei, verletzen es – und lassen seine Seele verwundet zurück.

Dem allen ist ein Kind völlig hilflos ausgesetzt. Es hat keine Möglichkeit, sich zu schützen. Bei all den Angeboten ist es für ein Kind heute sehr schwer, sich zurecht zu finden. Das Kind wird zum Konsumenten eines Produktes und ist daher von großer Bedeutung für die Wirtschaft. Man wirbt um die Stimme des Kindes und um seine Pfennige. Und heute verfügen Kinder bereits über ein kleines Vermögen! Und wieder braucht es den Vater, um zu lernen, wie es mit all den Verführungen umgehen kann. Das Beispiel des Vaters formt das Handeln des Kindes.

b) Der Vater als Tor zur Welt

Der bekannte Psychoanalytiker Erik Erikson bezeichnet die ersten Monate eines Säuglings als die symbiotische Phase, in der das Kind total auf die Mutter angewiesen ist. In dieser Zeit bildet sich das Ur-Vertrauen[8], das tief in der Persönlichkeit wurzelt – und das spätere Leben weithin bestimmt. Wenn in dieser entscheidenden Phase das Kind Sicherheit erlebt, wird es später leichter vertrauen können. Wenn es hingegen schon hier eine Enttäuschung erleben muß, wird das Ur-Vertrauen erschüttert.

Wie wir bereits erwähnt haben, wird der Grundstein dieses Ur-Vertrauens schon im Mutterleib gelegt und auch nach der Geburt in erster Linie durch die Mutter vermittelt. Sie ist es, die die erste Beziehung zu ihrem Kind herstellt, es nährt und pflegt. Diese beständige Nähe, ihr Zugewandtsein gibt dem Kind Sicherheit. Es ist geborgen. Entspannt. Zufrieden.

Mutters Einstellung zum Kind aber ist – wie wir gesehen haben – stark von der Umgebung abhängig. Wenn unterschwellige Eheprobleme da sind, kann sie sich nicht völlig dem Kind zuwenden. Sie wird innerlich nervös, ungehalten. Und diese Zerstreuung und Ungeduld überträgt sich auf das Kind. Das Kind wird unruhig. Unsicher. Erstes Mißtrauen wird wach.

In diesen ersten Monaten braucht ein Kind die Beständigkeit und Zuwendung vor allem der Mutter. Es braucht ihr Angesprochenwerden. Ihre Nähe. Wenn sich das Kind bemerkbar macht – es kann ja nur weinen – dann ist die Mutter da. Die Mutter spricht mit ihm, lächelt ihm zu, beruhigt es, nimmt es auf den Arm. Es spürt die Wärme und Geborgenheit bei der Mutter. Und möchte diese Nähe natürlich so lange wie möglich genießen. Wenn ein Kind stundenlang weinen muß und schließlich sogar in ein anderes Zimmer gesperrt wird, damit ihm der »Trotz gebrochen« wird, kann damit zugleich auch das Vertrauen zerstört werden. Das Weinen ist die Sprache des Kindes. Darum sollte die Mutter antworten – aber zugleich schon trainieren, daß das kleine Wesen sich nicht zum Tyrannen entwickelt. In der Regel kann sie schon bald unterscheiden, was das Kind mit seinem Weinen ausdrücken will.

Vom 5.-9. Monat befindet sich der Säugling nach den Analytikern Mahler und Abelin in der sogenannten Differenzierungsphase.[9] Es ist die erste Phase der Trennung. Das Kind fängt an, seine eigene Welt zu entdecken, es nimmt andere Menschen und Gegenstände wahr, es greift danach, versucht, alles in den Mund zu stekken, um so die Umwelt zu ertasten.

Vom 9.-14. Monat kann von der praktizierenden Phase gesprochen werden. In dieser Zeit lernt das Kind eine neue Basis kennen. Da ist der Vater. Und Vater und Mutter sind eine Einheit, weil sie sich lieben. Und doch ist der Vater eine andere Person und nicht identisch mit der Mutter. Er ist nah. Aber seine Nähe wird anders erlebt. Das Kind streckt seine Ärmchen dem Vater entgegen – und löst sich damit von der Mutter. Der Vater nimmt das Kind auf seinen Arm, da wendet es sich erneut der Mutter zu, will wieder zurück – oder doch lieber beim Vater bleiben. Wie ein Spiel, von einem zum andern.

Aber der Vater ist da als eine zweite Person, die dem Kind nah ist und Geborgenheit vermittelt. Im Arm des Vaters erlebt es ein neues, starkes Umschlossensein.

Wenn das Kind nun sieht, daß Vater und Mutter freundlich und harmonisch miteinander umgehen, ist es für das Kind sehr einfach, die beiden miteinander auszutauschen. Es ist bei der Mutter geborgen. Aber es fühlt sich auch sicher, wenn der Vater da ist. So kann die Mutter zum Einkaufen fahren, ohne daß das Kind anfängt zu jammern. Der Vater ist ja da, der die Sicherheit gibt.

Aber wenn der Vater nicht da ist, hat das Kind niemanden – außer der Mutter. So ist es ganz im Besitz der Mutter. Und irgendwann möchte sich das Kind von dieser In-Besitznahme lösen. Es sucht die Nähe und wendet sich doch ab.

Vom 15.-24. Monat beobachten wir eine erneute Zuwendung zur Mutter. Dieses Zurück-zur-Mutter aber wird sehr ambivalent erlebt. Die Eltern beobachten das Hin-und-hergezogen-Werden und deuten es als Trotz oder Unmut. Aber dieser »Trotz« ist sehr phasenspezifisch. Das Kind möchte und möchte nicht. Es sucht Geborgenheit und möchte zugleich frei sein. Es wehrt sich gegen die Symbiose und kehrt zugleich in die Einheit zurück.

Wieder ist es der Vater, der dem Kind in dieser schwierigen Entscheidung zu Hilfe kommt. Er nimmt es gleichsam mit auf eine Entdeckungsreise. Er öffnet dem Kind eine neue Welt. Er spricht mit ihm. Zeigt ihm interessantes Spielzeug, das ein Kind fesselt. Er wagt neue Spiele mit dem Kind. Das Kind ist fasziniert. Es jauchzt vor Begeisterung.

Um den 18. Monat herum entdeckt das Kind sich selbst. Es lernt, sich selbst von Vater und Mutter zu unterscheiden. Das Selbstbewußtsein wird wach. Das Kind wird zum Ich. »Sandy kann allein«, »Peet will das« – vorausgesetzt, das Kind kann bereits seinen Wunsch verbal zum Ausdruck bringen.

Versucht nun die Mutter, das Kind zurückzuhalten, es gleichsam wieder in die Einheit zurück zu holen, ist der Vater da, der das Kind zum Wagnis ermutigt. So hilft er dem Kind, selbständiger zu werden.

Dieses Grundmuster wiederholt sich ungezählte Male. Und von Tag zu Tag wächst das Vertrauen des Kindes in seine eigenen Fähigkeiten. So erzieht der Vater sein Kind allmählich zur Selbständigkeit.

Wenn nun der Vater nicht da ist, kann sich das Kind nur schwer zu einem eigenen Wesen entfalten. Es bleibt lange in der Abhängigkeit von der Mutter. Wie oft begegnen uns erwachsene Töchter – oder auch Söhne – die noch immer vom Leib der Mutter umschlossen sind. Sie denken die Gedanken der Mutter und empfinden ihre Gefühle. Sie haben es nie geschafft, sich aus der Mutterbindung zu lösen. Die Folge aber ist ein verkrüppeltes Leben, unglücklich, nicht dynamisch, belastet durch Depressionen und Mutlosigkeit, bis hin zu Sinnlosigkeitsgefühlen; denn diese Kinder haben ein Leben in der Gefangenschaft verbracht und waren nicht in der Lage, ihre eigenen Fähigkeiten auszuprobieren.

Hier ist es die Aufgabe des Vaters, nicht nur diese symbiotische Mutterbindung zu lösen, sondern dem Kind eine neue Welt zu öffnen, die es selbst erobern kann. Und wie es in dieser weiten Welt sich zurecht finden kann, ohne Schaden zu nehmen – auch das wird ihm der Vater zeigen, indem er es auf die Schwierigkeiten vorbereitet und das Kind trainiert.

c) Der Vater als Erzieher

Im Zuge der Individuation strebt das Kind eine Autonomie an. Um sich selbst zu entdecken, probiert es aus, wie weit es vorstoßen kann, ohne an eine Grenze zu stoßen. Und stellt sich ein Hindernis ein, das den eigenen Bewegungsradius einschränkt, versucht das Kind, diesen Raum zu erweitern. Es will ja erobern. Nicht nur sich selbst, auch seine Umgebung. Den anderen. Alles beherrschen. Selbst Herrscher sein.

Nach der ersten Formation des Selbstbewußtseins, also mit etwa eineinhalb Jahren, ist das Kind ganz auf sich selbst konzentriert. Alles, was es ausprobiert, wird von seinem egozentrischen Bedürfnis gesteuert. Es will dieses haben und begehrt zugleich jenes. Es schreit, wenn es seinen Willen nicht bekommt und versucht, seine Umwelt zu tyrannisieren. So treten erste Konflikte mit seiner Umwelt auf. Das Kind versucht, sich durchzusetzen. Es will den Sieg davontragen. Es wird aggressiv, zeigt sich frustriert, wenn sein Versuch mißlingt.

Die Eltern sind müde. Die Anstrengungen des vergangenen Tages haben Spuren hinterlassen. Sie möchten Zeit haben für sich selbst. Aber da ist dieser kleine Störenfried, der sich so unverschämt bemerkbar macht. Er will Mittelpunkt sein. Die Eltern sollen für ihn da sein, sich mit ihm beschäftigen.

Wie sollen sich die Eltern verhalten?

Dann kommt eine andere Phase der Auseinandersetzung zwischen Eltern und Kind: das Sauberkeitstraining. Die Ansichten hier sind von Kultur zu Kultur unterschiedlich. Grundsätzlich jedoch sollte bedacht werden, daß der kleine Schließmuskel erst zwischen eineinhalb und zwei Jahren reguliert werden kann, so daß mit diesem Training möglichst nicht vor dem 18. Lebensmonat begonnen werden sollte. Diese sogenannte anale Phase ist für die Willensbildung grundlegend. Eine Kooperation zwischen Eltern und Kind ist hier erstrebenswert, damit das Kind nicht beschämt wird.

Es wäre verkehrt, mit Gewalt den kindlichen Willen »brechen« zu wollen. Es geht ja darum, ihn in die richtige Bahn zu lenken. Es braucht seinen Willen für später. Dieser Wille ist ja zugleich eine

Kraft. Diese Kraft zu brechen, würde bedeuten, das Kind frühzeitig zu lähmen.

Je älter nun das Kind wird, desto mehr macht es sich bemerkbar. Bald liegt es nicht mehr artig in seinem Bettchen, sondern läuft umher, nichts ist mehr vor seinem Eroberungsdrang sicher. Die Mutter ist ständig in Spannungen versetzt, jeden Augenblick bereit, den Kleinen wieder zurück zu ziehen, um ihn vor einer Gefahr zu bewahren. Das Kind sieht nicht die Gefahr, also begreift es nicht, warum die Mutter ihm etwa das Messer wieder aus der Hand nimmt oder ihn vom Tisch herunterholt, wo doch gerade die dampfende Schüssel so verlockend duftete. Es wollte ja nur sehen, wodurch diese seltsame Bewegung – der Dampf – entstand. Das Kind fühlt sich ungerecht behandelt und bringt seinen Protest lautstark zum Ausdruck.

Immer mehr Situationen treten auf, in denen das Autonomiestreben des Kindes gelenkt werden muß.

Wenn das Kind es beim zweiten und dritten Anlauf noch nicht gelernt hat zurückzustehen, bestraft es die Mutter mit einem Klaps. Das Kind ist zunächst verblüfft, dann empört. Aber trotzdem ist der Drang des Kindes da. Und dann ist es geschehen: Die kostbare Vase ist kaputt oder die Schüssel auf der Erde gelandet und der ganze Inhalt auf dem Teppich ausgebreitet. Die Mutter schimpft. Sie ist verärgert. Ratlos. Verzweifelt. Alle Warnungen waren umsonst. Sie sucht nach einer wirkungsvolleren Methode, um das Kind einzuschüchtern. »Warte nur, wenn der Papa heute abend nach Hause kommt ...«

Und wenn der Vater kommt, versteckt sich das Kind – aus Angst.

Die Bestrafung durch den Vater ist nachhaltiger, als eine Strafe durch die Mutter. Nach Biller wird die Fähigkeit zur Grenzsetzung der Männlichkeit zugerechnet.[10] Auch wird beobachtet, daß Jungen häufiger vom Vater diszipliniert werden als Mädchen. Diese Zurechtweisung fördert sogar die maskuline Eigenschaft in einem Jungen. Vorausgesetzt, daß der Vater unmißverständlich die Grenze aufzeigt und zugleich fürsorglich ist, sonst bewirkt diese Strafe nur noch aggressives Verhalten. Wenn das Strafen aus einem gewissen Überlegenheitsgefühl erfolgt und sogar ein heimlicher Triumph mitschwingt, ist ein Kind zutiefst verletzt. Es spürt seine Ohnmacht und verbirgt seine massive Wut. Solch eine Wut kann sich unter Umständen jahrelang anstauen, bis sie eines Tages aufbricht – und sich gegen den Peiniger richtet – oder gegen die Gesellschaft, die irgendwie den Vater repräsentiert. Eine verspätete Rache.

Eine Bestrafung muß kindgemäß sein und darf niemals ausarten. Auch sollte sie sofort geschehen, d.h. unmittelbar auf das kindliche »Vergehen« folgen und nicht aufgeschoben werden. Außerdem sollte das Kind informiert werden, damit es weiß, warum es die Strafe erhält.

Wenn eine Grenzsetzung zu stark ist, fühlt sich das Kind unterjocht. Es paßt sich zwar an, denn es ist ja dem Stärkeren weit unterlegen, aber es fühlt sich bezwungen und verliert dadurch die Selbstachtung. So bleibt eine Verbitterung zurück. In der späteren Entwicklung werden diese übermäßig gestraften Kinder selbstunsicher oder grausam.

Wenn nun keine Grenzsetzung erfolgt – wie es im Rahmen der antiautoritären Erziehung praktiziert wurde – lernt ein Kind keine Selbstbeherrschung. Es wird sich selbst übermäßig wichtig nehmen und dazu neigen, den anderen zu tyrannisieren.

Durch eine Grenzsetzung wird das Vertrauen des Kindes nicht zerstört, im Gegenteil, das Kind fühlt sich ernst genommen. Ja, manchmal wartet ein Kind geradezu darauf, bestraft zu werden. Wenn es dann die Strafe empfängt, hat es das Gefühl, gerecht behandelt worden zu sein. So kann eine angemessene Bestrafung das Gerechtigkeitsempfinden eines Kindes heranbilden.

Wenn es sich aber herausstellt, daß eine Bestrafung zu Unrecht geschah, ist es selbstverständlich, daß sich der Vater – oder die Mutter – bei dem Kind entschuldigt. Hier kann sogar die Strafe als »Gutschein« angesehen werden für ein späteres »Vergehen«. Auf solch einen Handel werden die Kinder in der Regel gerne eingehen, vorausgesetzt, sie erkennen dahinter die Aufrichtigkeit der Eltern und deren Liebe.

Eine Zurechtweisung muß in Liebe geschehen. Wenn ein Vater unkontrolliert seine Kinder anbrüllt und in blinder Wut auf sie losschlägt, wird die Strafe nicht als Zurechtweisung empfunden, sondern als Unterjochung.

Eine gerechtfertigte Strafe wird ein Kind im allgemeinen akzeptieren, ohne sich dagegen zu wehren. Doch eine ungerechte Strafe oder ein unkontrollierter Zornausbruch kann sich wie ein Stachel in der Seele eines Kindes festsetzen.

Es gibt sicherlich kein allgemein gültiges Rezept, doch grundsätzlich kann gesagt werden, daß liebevolle Grenzsetzung nicht nur den Eltern hilft, sondern auch für das Kind hilfreich ist.

Was aber bedeutet das: Die Zurechtweisung muß in Liebe geschehen? Im Augenblick des Zornes ist vielleicht nichts mehr von der Liebe zu spüren, die den Vater zur Strafe veranlaßt. Entscheidend ist hier die Grundeinstellung des Vaters zu seinem Kind. Wenn der Vater sein Kind in Liebe angenommen hat, wird auch sein Zorn diese Liebe nicht schmälern. Denn die Liebe des Vaters ist nicht von dem Verhalten des Kindes abhängig. Es bleibt sein Kind, ganz gleich, ob es sich so oder anders verhält. Der Vater steht zu einem Kind. Und gerade weil er es liebt, wird er manche Unarten nicht einfach akzeptieren, sondern seinem Kind durch die väterliche Zurechtweisung helfen, diese Eigenschaften zu überwinden.

Ein Baumeister muß zunächst einen Entwurf machen, bevor er anfängt zu bauen. So wird auch der Vater sich fragen: Zu welchem Menschenbild will ich mein Kind formen? Er wird sicherlich nicht wie ein Architekt sich hinsetzen, um die Charakterzüge zusammenzustellen, die er in seinem Kind herausbilden möchte. Und doch wird er – vielleicht ganz unbewußt – in sich ein Bild tragen, zu dem hin er sein Kind führen möchte. In der Regel wird es seine eigene Lebensvorstellung, seine eigene Zielvorstellung sein, die er dem Kind weitergibt. Er weiß, wie schwer es für manche Kinder ist, sich im späteren Leben zurechtzufinden. So möchte er, daß sein Kind angemessen in die Gesellschaft integriert wird, daß es anerkannt und nicht etwa ausgestoßen wird. Darum möchte er solch eine Persönlichkeit heranbilden, die eine bestmögliche zwischenmenschliche und soziale Integrität erreicht.

Was trägt nun dazu bei, dieses Ziel zu erreichen?

Zunächst gilt es, das Vertauen des Kindes zu stärken und zu fördern. Wir haben bereits von der Voraussetzung gesprochen, die für solch ein Vertrauen notwendig ist, das Fundament, auf dem das Leben aufgebaut werden kann. Zu dieser Voraussetzung gehört einerseits die harmonische Ehe der Eltern; dann aber auch die Liebe und Fürsorge des Vaters. In solch einer Atmosphäre kann ein Kind entspannt sein. Da schöpft es Freude an all den Kleinigkeiten. Und diese Freude ist ein weiterer wichtiger Baustein im Leben des Kindes.

Dann gilt es, den Willen zu dirigieren und in die richtige Bahn zu lenken.

Zunächst noch sind die Maßstäbe von Gut und Böse außerhalb des kindlichen Bewußtseins.[11] Es weiß nicht, was gut und was böse ist. Zwar beobachten wir bei vielen Kindern, daß sie sich bereits instinktiv nach einem inneren Gesetz verhalten, das gut und böse voneinander unterscheidet, doch kann allgemein gesagt werden, daß ein Kind durch die Zurechtweisung lernt. Um der Bestrafung zu entgehen, die ein Kind als unangenehm empfindet, vermeidet es etwas, was Vater und Mutter »böse« nennen. So wird die Gewissensbildung durch Vater und Mutter entscheidend geprägt.

Zunächst noch wird eine Tat als gut empfunden, wenn sie das Bedürfnis des Kindes befriedigt. Das, was angenehm ist, erscheint gut. Aber dieser kindliche Maßstab stimmt nicht unbedingt mit dem Maßstab der Eltern überein. So kommt es zu Konflikten. Wieder muß das Kind lernen. Da es angenehm ist, gelobt zu werden, sucht es Anerkennung. Doch bald verhält es sich nicht nur nach dem Prinzip Lob und Strafe, sondern gebraucht seine eigenen geistigen Fähigkeiten, um neue Wertmaßstäbe zur Orientierung in sich herauszubilden. In dieser Phase ist die Auseinandersetzung vor allem mit dem Vater sehr wichtig. Es muß dem Kind erklärt werden: Wenn du dich so verhältst, wirst du dieses Resultat erzielen. Der Vater repräsentiert zugleich die Gesellschaft. So lernt das Kind, Gesetze einzuhalten, Pflichten zu übernehmen und einen positiven Beitrag zu leisten.

Die goldene Regel: *Tu, was du vom anderen erwartest,* muß einem Kind schon sehr früh eingeprägt werden. Das bewahrt das Kind – und die Gesellschaft – vor manchen unschönen Auseinandersetzungen.

Wo dieser Grundsatz mißachtet und das Lustprinzip als Maßstab aufgestellt wird, überschreitet der Mensch seine Grenze. Er wird schuldig.

Viele Menschen heute plädieren dafür, Schuld als wertneutral anzusehen und die Lust als Recht anzuerkennen. Diese Anschauung kann bis zum Exzess getrieben werden, wobei Abtreibung legalisiert und Promiskuität als Norm propagiert wird. Der Mensch will oberste Instanz sein und selbst bestimmen, was gut und böse ist. Gut und böse aber liegt nicht in der Willkür des Menschen. Hier ist der Vater als Erzieher gefragt.

Ist der Vater Christ, so werden seine Moralvorstellungen und seine ethischen Grundsätze von der Bibel geprägt. Und die Moralvorstellungen der Bibel stehen der heutigen Lebensphilosophie total entgegen.

Wenn Jesus in der Bergpredigt von der Liebe spricht[12], meint er eine Totalauslieferung des Menschen an Gott. Erst durch diese Auslieferung wird der Mensch dann auch seinerseits liebefähig.

Der Mensch will das Leid abschaffen, alles, was drückt, ausschalten. Doch Jesus nennt die glücklich, die es tragen.

Der Mensch will mit Gewalt die Welt erobern. Doch Jesus verheißt den Sanftmütigen, daß sie das Erdreich besitzen werden.

Barmherzigkeit wird weithin belächelt und als Schwachheit interpretiert. Doch in der Bibel wird die Barmherzigkeit als ein Charakterzug Gottes genannt.

Weil Gott mit menschlichen Augen nicht wahrgenommen werden kann, wurde er für tot erklärt. Und Jesus sagt: »Wer reines Herzens ist, wird Gott schauen.«

Vom Frieden reden sie alle; aber sie wollen diesen Frieden unter eigener Regie und notfalls selbst mit Gewalt erzwingen.

Gerechtigkeit ist in jedermanns Mund. Und doch wird dem Recht Gewalt angetan.

Und wie ist es mit der Vergebung, wenn jeder nach Vergeltung schreit?

Hier ist es der Vater, der seinem Kind hilft, die göttlichen Maßstäbe für sein Leben zur Geltung zu bringen.

Nach dem Psychologen M.L. Hoffmann bildet sich die Moralvorstellung in einem Kind bis etwa zum fünften oder sechsten Lebensjahr.[13] Wenn in dieser Zeit die Grenzsetzung durch den Vater fehlt, ist es sehr schwer, später diesen Maßstab, den das Kind von außen übernommen hat, wieder zu korrigieren.

Wie wichtig solch eine väterliche Grenzsetzung ist, wird uns anhand einiger Beispiele aus der Bibel gezeigt:

In 1. Könige 1,6 lesen wir, warum Adonija, der Sohn Davids, sich gegen seinen Vater empörte. Als Grund wird genannt: »Sein Vater hatte ihm nie etwas verwehrt sein Leben lang, daß er gesagt hätte: Warum tust du das?« Hier hatte die väterliche Korrektur gefehlt. Das kostete den Sohn das Leben.

Ein ähnliches Schicksal mußte auch die Familie des Propheten Eli erleiden. Auch hier zog der Vater das Gericht Gottes auf sein Haus, weil er »wußte«, wie sich seine Söhne schändlich verhielten, und ihnen nicht gewehrt hatte« (1. Sam. 3,13). Der Vater als Erzieher hat versagt. Um seine Söhne zu schonen, hat er geschwiegen und damit Unglück über seine ganze Familie gebracht.

Durch die Erziehungsmaßnahme soll in dem Kind die Fähigkeit zur Selbstbeherrschung gefördert werden, ohne daß es dadurch die Selbstachtung verliert. So stärkt der Vater in seinem Kind die Widerstandskraft gegen die Versuchung.

Nicht nur in der Gesellschaft, sondern auch innerhalb der Familie gibt es bestimmte Regeln, die eingehalten werden müssen. Solche Regeln sind in erster Linie ein Schutz und müssen dem Alter entsprechend einem Kind beigebracht werden. Vor allem in der »Ich-will-Phase« müssen Eltern sich entscheiden, was sie zulassen können und was nicht. Einige Regeln gilt es streng einzuhalten, bei anderen kann eine gewisse Flexibilität möglich sein.

Die Erziehung sollte praxisbezogen sein. So lernt ein Kind am besten, sich innerhalb gewisser Spielregeln zu verhalten. Es lernt zu unterscheiden zwischen »mein« und »dein«. Es lernt, einen Wunsch als Frage oder Bitte zu verbalisieren: »Darf ich bitte dieses haben oder jenes ...«

Solche praktischen Verhaltensregeln werden einem Kind von den Eltern beigebracht. Dabei ist es wichtig, daß Eltern individuell auf das einzelne Kind eingehen, aber zugleich darauf achten, daß sie einem anderen Kind gegenüber nicht ungerecht werden, damit nicht ein Kind das Gefühl hat, ein anderes würde ihm vorgezogen oder mit mehr Nachsicht behandelt.

Ein Kind ist nicht wie das andere. Darum muß die Erziehung einerseits gerecht sein, andererseits dem Charakter des Kindes entgegenkommen. Ist ein Kind ängstlich, werden sich die Eltern anders verhalten als bei einem draufgängerischen Kind. Ein Kind, das übergewissenhaft ist, wird schon das kleinste Wort der Kritik schwer verkraften, während ein anderes ohne weiteres über eine Ermahnung hinweggehen kann.

Eine Erziehung sollte ausgewogen sein, nicht zu strikt, nicht zu nachgiebig, weder zu kühl, noch zu warm. Nähe und Distanz, beides ist notwendig. Zu viel Nähe erdrückt, und zu viel Kälte läßt ein Kind erstarren. Der Freiraum muß groß genug sein, damit ein Kind seine eigenen Kräfte erproben kann, und eng genug, damit es die Grenzen erkennt.

d) Der Vater als Mann

Wir haben festgestellt, daß ein Kind Vater und Mutter als Einheit erlebt und zugleich beide voneinander unterscheidet. Worin besteht nun der Unterschied zwischen Vater und Mutter? Ist es nur ein biologischer oder auch ein charakterlicher Unterschied? Ist es nur die tiefe Stimme für ein Kind, die rauhe Haut? Was bedeutet es, wenn wir den Vater als Mann betrachten, und was verstehen wir überhaupt unter der Männlichkeit? Ist er der Muskelprotz, wie er sich uns im Fernsehen zeigt, oder der galante Schmeichler, dem die Herzen der Frauen zufallen? Ist er der reiche Geschäftsmann, der in großzügiger Geste seine Freunde bewirtet? Wie können wir den Begriff Männlichkeit definieren?

Durch die auswechselbaren Rollen sind die Grenzen verwischt. Die Mechanisierung in der Industrie hat das Geschlechtsspezifische gleichgeschaltet. Früher war das Haus das Reich der Frau; zwar waren schon immer die besten Köche am Hof und die berühmtesten Modeschöpfer Männer – aber heute ist die Erziehung bewußt darauf angelegt, daß schon die Jungen stricken lernen und nähen und

Kochkurse belegen, während Frauen der Beruf des Automechanikers offen steht. Selbst Friseure werben mit uni-sex-Frisuren. Innerhalb der Gesellschaft wird bewußt die Grenze aufgehoben, so daß die Rollen der beiden Geschlechter auswechselbar sind. Da beansprucht nicht mehr nur die Mutter Zeit und Geld für ihren Säugling, sondern auch der Mann erhebt einen Anspruch auf »Vatergeld«, um sich dem Säugling zu widmen. Der Hausmann wird immer populärer. Aber die Frage stellt sich, mit welch einer Rolle soll sich der Junge oder das Mädchen noch identifizieren?

Wenn das Attribut männlich benutzt wird, versteht man darunter meist den traditionellen Rollenbegriff. Da ist der Mann der Beschützer, der sich selbst hingibt, um Frau und Familie zu decken; der selbstlose Vater, der sich für seine Kinder opfert; der Wagemutige, der vor keiner Gefahr zurückschreckt, der unerschrocken seine Position vertritt, auch wenn er alleine übrig bleibt und sich alle gegen ihn entscheiden.

In 1. Könige 2,2 gebot der König David seinem Sohn: »Sei getrost und sei ein Mann!« Ähnliches können wir auch heute noch hören, wenn etwa die Mutter ihren kleinen Sohn ermahnt: »Sei ein Mann!«, was so viel bedeutet wie: »Ertrage die Schmerzen, ohne zu jammern!«

In Hiob 38,3 fordert Gott Hiob auf: »Gürte deine Lenden wie ein Mann!« Da ist mit dem Begriff Mann zugleich Tapferkeit verknüpft und Mut, Aufrichtigkeit, Unerschrockenheit und Selbstvertrauen.

Selbstvertrauen ist nicht gleichzusetzen mit Rechthaberei und Starrsinn. Im Selbstvertrauen liegt eine ruhige Zuversicht, eine positive Erwartung, die Gewißheit, die Probleme meistern zu können. Nicht in Überheblichkeit, sondern in der Zuversicht, einen Weg zu finden, der gangbar ist. Ein Vater, der Selbstvertrauen ausstrahlt, weiß um seinen eigenen Wert. Er brüstet sich nicht mit diesem seinem Wert und erhebt sich nicht über den anderen; aber er läßt sich auch nicht einschüchtern und stellt sich nicht unnötig in Frage.

Daß der Mann dennoch kein Übermensch ist, wird an unzähligen Beispielen deutlich. Ein Petrus weint vor Enttäuschung über sich selbst. Aber das schmälert nicht seine Männlichkeit, sondern läßt ihn uns vielmehr menschlicher erscheinen.

Auch ein Paulus schämt sich nicht, von Zeiten zu berichten, in denen er am Leben verzagte.[14]

Ein Mann darf zittern und verzagt sein. Ein Mann darf weinen, ohne seine Männlichkeit einzubüßen. Ein Mann darf sich irren und Fehler machen. Aber er darf bei seinen Fehlern nicht stehen bleiben.

Ein Mann kann schweigen. »Ein verständiger Mann schweigt still«, heißt es in den Sprüchen.[15] Er trägt seine Klugheit nicht zur Schau[16], um die Anerkennung der anderen zu erschleichen.

Auch Geduld zeichnet einen Mann aus. Er kann also warten, auch wenn nicht sofort das Ergebnis sichtbar wird. Und ein Geduldiger wird nicht streitsüchtig sein, sondern Streit schlichten.[17] Während der Zorn den Streit aufflammen läßt, wird der weise Mann vermittelnd eintreten.[18] Und doch wird ein Mann auch seinen Zorn zeigen und durchgreifen – wie ein Mann.[19]

Aber nicht nur der Unerschrockene, Starke repräsentiert das Männliche.

Ein Mann ist zugleich in der Lage, seiner Frau gegenüber sehr zärtlich und einfühlsam zu sein. So ist er liebevoll, ja barmherzig, verständnisvoll und gütig.

Im Alten Testament beispielsweise wird der Patriarch Jakob als ein »sanftmütiger« Mann bezeichnet.[20] Und Jesus selbst sagt von sich: »Ich bin sanftmütig und von Herzen demütig.«[21] So sind auch Eigenschaften, die sonst nur der Frau zugerechnet werden, durchaus männlich.

Zusammenfassend kann gesagt werden, daß die Selbstzucht einen Mann auszeichnet. Das, was letztlich den Mann zum Mann macht, ist die Fähigkeit, seine Leidenschaften unter Kontrolle zu bringen.

Sein Temperament auszuleben, ist nicht Zeichen von Männlichkeit, sondern eher von Schwäche. Ein Mann muß gelernt haben, sich zu beherrschen, seine Leidenschaften zu zähmen. Die Spannung durchzustehen. Dem anderen den Vortritt zu lassen.

Wenn der Vater in diesem Sinne Mann ist, wird er auch in seinem Beruf »seinen Mann« stehen, d.h. er wird seine Verantwortung wahrnehmen und nicht nur seine Rechte einfordern, sondern seinen Beitrag innerhalb der Gesellschaft leisten. Er wird kein Phantast sein, sondern realistisch die Situation beurteilen. So wird er als Mann die Eigenschaften der Frau ergänzen. Und diese Ergänzung ist notwendig, denn sie stellt das Gleichgewicht innerhalb der Familie dar.

Werfen wir hier noch einen kurzen Blick auf typisch frauliche Eigenschaften, so können wir vor allem die Mütterlichkeit nennen. Darin liegt Wärme und die Fähigkeit zu bergen. Eine gewisse Weichheit, etwas Tröstliches.

Aber auch diese Eigenschaften können durchaus bei einem Mann vorhanden sein und das Männliche in ihm noch unterstreichen. Doch treten diese Eigenschaften nicht in den Vordergrund. Auch der Vater wird Geborgenheit vermitteln, aber diese Geborgenheit wird vorwiegend durch seine Stärke dem Kind übermittelt. Die Mutter darf weich und nachgiebig sein; nicht, daß sie ihr Nein bei dem geringsten Widerstand in ein Ja umwandelt, vielmehr wird sie nicht stur an ihren Prinzipien festhalten, sondern flexibel sein und sich auf ihr Kind einstellen. Auch das wird von einem guten Vater erwartet; aber als Mann wird er Festigkeit zeigen, ohne starr zu sein; entschlossen sein, ohne stur sein Ziel zu verfolgen.

Eine Mutter trägt, duldet, hält aus neben ihrem Kind, läßt sich nicht entmutigen, sie liebt, ohne für sich zu erwarten.

Die Liebe des Vaters wird anders aussehen als die Liebe der Mutter. Zeichnet sich die Liebe der Mutter durch Zartheit und Warmherzigkeit aus, so äußert sich die Liebe des Vaters primär in der Führung.

Obwohl alle Eigenschaften mehr oder weniger auf Vater und Mutter zutreffen, haben sie doch verschiedene Schwerpunkte.

Die Frau ist die Anschmiegsame, die empfängt, trägt – und in der Geborgenheit kann sie den anderen bergen. Der Mann ist wie ein Schutzwall, der seine Familie umgibt und davor bewahrt, auseinanderzufallen. Er als das Haupt gibt die Gesetze. Darum bedeutet sein Lob mehr und wiegt sein Tadel schwerer, und seine Bestätigung ermutigt die Kinder und gibt auch der Frau neue Kraft.

Wenn in der Bibel von der Herrschaft des Mannes die Rede ist[22], so ist damit niemals ein Beherrschen gemeint; denn die Frau ist nicht geringer als der Mann, sie ist nicht seine Untergebene, nicht seine Dienstmagd, die ihm zur Verfügung steht. Sie ist ihm von Gott anvertraut, daß er über sie wacht, daß er sie liebt – wie Christus seine Gemeinde. Dann kann auch sie ihm die Hilfe sein, zu der sie von Anfang der Schöpfung gedacht war. In dem Sinne ist der Mann das Haupt der Familie. Nicht weil er das lauteste Organ hat, ist er zum Herrschen geboren.

Wer seinen Kindern ein guter Vater sein will, muß zunächst lernen, ein guter Mann zu sein. Wenn er hier versagt, wird er auch in der Beziehung zu seinen Kindern versagen. Aber wenn es ihm gelingt, seine Frau zu lieben – und in ihrer Eigenart anzunehmen –, wird sich das auf die Atmosphäre in seiner Familie auswirken. Und hier ist die Frau gefragt, die in dem Mann die Männlichkeit weckt, daß die Eigenschaften sichtbar werden, die in ihm sind.[23]

Im Rahmen der Vaterlosigkeit haben wir auf die geschlechtsspezifische Auswirkung hingewiesen. In diesem Zusammenhang möchten wir noch einmal darauf zurückkommen.

Bereits 1953 hat P. S. Sears die Beobachtung gemacht, daß eine herzliche Vater-Sohn-Beziehung in früher Kindheit die Maskulinität fördert.[24] Und die überwältigende Mehrzahl späterer Untersuchungen bestätigen diesen Befund. Das bedeutet, daß eine herzliche Wärme, verbunden mit klarer Grenzsetzung, dazu beiträgt, daß die Söhne männlich werden und zu einer gesunden sozialen Interaktion gelangen.

Diese Eigenschaften des Vaters sind aber nicht nur für die Entwicklung der Söhne förderlich, sondern unterstützen auch die Femininität der Mädchen.

Diesen Gedanken wollen wir hier ein wenig verdeutlichen.

Ein Vater behandelt seine Kinder in der Regel unterschiedlich. Es sieht so aus, als würden in den meisten Kulturen die Söhne von den Vätern den Töchtern vorgezogen. Vor allem die erstgeborenen Söhne nehmen in vielen Kulturen eine Sonderstellung ein. Sie haben als die Erbträger eine besondere Position und somit auch die besondere Aufmerksamkeit des Vaters. Ja, sie sind sein besonderer Stolz! Und je mehr Söhne ein Vater aufweisen kann, desto mehr steigt sein Selbstbewußtsein. Er lebt gleichsam in seinen Söhnen weiter. In etlichen Kulturen ist es der Sohn, der noch über den Tod des Vaters hinaus das Andenken der Ahnen fortsetzt.

Schon bei der Geburt reagieren viele Väter auf die Ankunft eines Sohnes spontaner, freudiger, während sie bei der Ankunft eines Mädchens zurückhaltender, zögernder sind. Durch diese unbewußte vermehrte Zuwendung des Vaters zu seinem Sohn erwächst entsprechend eine größere Anhänglichkeit des Sohnes zum Vater.

Auch scheint der Vater bei seinem Sohn eher bereit zu sein, in der Säuglingspflege mitzuhelfen, als bei seiner Tochter. In der weiteren Entwicklung des Kindes wird diese Beobachtung noch verstärkt.

Die Männlichkeit des Vaters äußert sich auch in der Art, wie der Vater seinem Kind begegnet.

Während die Mutter vorwiegend das Kind nährt und pflegt, begegnet der Vater seinem Kind im Spiel. Und diese Vater-Spiele sind anders als die Spiele der Mutter. Das Spiel der Mutter ist im allgemeinen zart und ruhig. Sie singt, erzählt, liest vor – während der Vater wilde Spiele bevorzugt, das Kind hochwirft, herumschleudert, mit ihm um die Wette kriecht oder im Ringkampf das Kleine herausfordert. Und als Spielzeug wird der Vater vorwiegend technisches Spielzeug wählen, während die Mutter die Puppe vorzieht. So führt die Mutter ihre Tochter in die weibliche Welt ein, während der Vater seinen Sohn auf die männliche Welt vorbereitet. Daher ist es verständlich, daß die Söhne vom zweiten Lebensjahr an eindeutig das Spiel mit dem Vater vorziehen. Die Tochter dagegen wendet sich zwischen dem zweiten und vierten Lebensjahr vom Vater ab, um bevorzugterweise mit der Mutter zu spielen.

So ist das Spiel für die Geschlechtsidentität von großer Bedeutung. Vermittelt die Mutter feminine Verhaltensweisen, so gehen vom Vater maskuline Impulse aus. Wenn der Vater mit seinem kleinen Sohn turnt und spielt, mit ihm bastelt und baut, wird der Sohn die Verhaltensweise des Vaters imitieren. Der Vater ist ja sein großes Vorbild, sein Lebensmodell. So wie der Vater möchte auch einmal der kleine Sohn werden.

Aber auch für die Entwicklung der Tochter ist der Vater wichtig. Wenn er bei seiner Tochter ausgeprägte männliche Züge entdeckt, wird der Vater im allgemeinen instinktiv korrigierend eingreifen und stattdessen loben, wenn die Tochter sich ähnlich wie die Mutter verhält. So hilft der Vater seiner Tochter, weiblicher zu werden und verstärkt durch seine Bejahung die Femininität. Der Vater sortiert gleichsam das Verhalten seiner Kinder aus, wobei die traditionelle Geschlechtsrolle maßgebend ist.

Für die Tochter ist der Vater der erste Mann. Sie bemüht sich, dem Vater zu gefallen. Dieses Bemühen kann bis zu einem stillen Konkurrenzkampf zwischen Mutter und Tochter führen, dem sogenannten Elektra-Komplex. Wenn hingegen die Tochter sich mit der vom Vater geliebten Mutter identifiziert, findet sie leichter zu ihrer weiblichen Identität. Eine gelungene Beziehung zum Vater kann für die spätere Ehe der Tochter von großer Bedeutung werden. Aber auch das Umgekehrte trifft zu: Eine problematische Beziehung zwischen Vater und Tochter kann für eine spätere Ehe zur großen Belastung werden. Beispielsweise beobachten wir, daß Töchter eines Alkoholikers selbst dazu neigen, wieder einen Alkoholiker zu heiraten. Hier wird die Tochter-Vater-Beziehung unbewußt zu einem Entscheidungskriterium im Sinne eines neurotischen Wiederholungszwanges. So ist der Vater sowohl für das Geschlechtsbewußtsein des Sohnes, als auch für die Identitätssuche der Tochter mitentscheidend. Wobei es die Verantwortung des Vaters ist, seinen Sohn geschlechtlich aufzuklären, von Mann zu Mann. Die sexuelle Aufklärung des Mädchens dagegen sollte durch die Mutter erfolgen.

Das erste Gespräch über sexuelle Fragen sollte bereits im frühen Kindesalter stattfinden und zwar ohne erotische Nuancierung. So natürlich wie das Kind fragt, sollte auch die Frage beantwortet werden. Zumeist ist das Kind schon mit wenigen erklärenden Sätzen zufrieden. Später, wenn das Kind in die Adoleszenz kommt und mit eigenem sexuellen Empfinden konfrontiert ist, wird noch einmal solch ein Gespräch stattfinden. Diesmal ausführlicher. Solch eine gemeinsame Stunde verbindet in besonderer Weise. Aber wieder ist es wichtig, daß das Gespräch auf der sachlichen Ebene stattfindet ohne moralisierenden Beigeschmack.

Wir halten es für sehr wichtig, daß diese Aufklärung durch die Eltern geschieht und nicht in erster Linie durch die Schule. Zudem ist Aufklärung in einer gemischten Gruppe wie einer Schulklasse sehr problematisch. Es erfordert schon ein besonderes Einfühlungsvermögen des Lehrers, solch einer Aufgabe gerecht zu werden. Wie oft werden Kinder weit über ihr Fassungsvermögen hinaus »aufgeklärt«. Kinder sollen das Staunen lernen, nicht aber ihre Phantasie unnötig belasten. Je mehr beispielsweise heranwachsende junge Menschen über Praktiken der Empfängnisverhütung erfahren, desto mehr fühlen sie sich zum Ausprobieren geradezu herausgefordert. Die Lusterfahrung gehört nicht in den Klassenraum.

Unserer Meinung nach ist durch den verpflichtenden Sexualkundeunterricht in den Schulen eher ein großer Schaden als Nutzen entstanden, der sich noch bis in die nächste Generation auswirken kann. Darum sollten Eltern sehr wachsam sein und vorher mit den Lehrern sprechen und darauf bestehen, rechtzeitig über Form und Inhalt informiert zu werden.

e) Der Vater als Lehrer

Mit dem Erziehen ist in der Regel auch die Aufgabe des Lehrens verbunden. Findet die Erziehung primär auf der Verhaltensebene statt, wobei moralische Grundwerte eine große Rolle spielen, so fordert das Lehren die geistigen Fähigkeiten heraus.

Als Eltern beobachten wir, daß ein Kind schon früh anfängt zu fragen. Alles muß erklärt werden: Warum die Sonne rund ist und der Mond nicht vom Himmel fällt; warum die Vögel Flügel haben und das Huhn mit seinem Schnabel das Futter pickt; warum die Omi weiße Haare hat und die Mama schwarze: warum – warum – warum –. Die Lehraufgabe des Vaters können wir nach drei Gesichtspunkten aufteilen und zwar: 1) Wann lehrt er? 2) Was lehrt er? 3) Wie lehrt er?

Zunächst: *1) Wann lehrt er?*

In der Regel wächst ein Vater in seine Aufgabe hinein. Instinktiv weiß er, wann er mit seinem Kind reden soll. Es ist kein Zeitpunkt festzusetzen, vielmehr nimmt das Kind schon in den ersten Tagen unterschwellig seine Umgebung wahr, und damit werden frühe Eindrücke gespeichert.

Mit etwa 6 Monaten fängt das Kind an zu babbeln. Es versucht, Laute nachzuahmen, dann kommen die ersten sinnvollen Symbole. Und wie stolz sind Vater und Mutter, wenn sie das erste Wort ihres Kindes verstehen. Noch kann kein Außenstehender einen Sinn daraus entnehmen; doch Vater und Mutter wissen, was das Kind sagen will. Durchschnittlich lernen Kinder in den ersten zwei Jahren etwa zweihundert Wörter. Es heißt, die sprachliche Fähigkeit sei bis zum 5. Lebensjahr vervollkommnet. Wobei zwischen dem 3. und 6. Lebensjahr sich Sprache und Phantasie entwickeln, so daß die meisten Kinder mit 6 Jahren schulreif werden.

Denken wir nun an die verschiedenen Lebensphasen nach Erikson, so kann gesagt werden, daß ein Kind zwischen dem 6. und 13. Lebensjahr für die geistige Entwicklung am meisten aufgeschlossen ist. In dieser Zeit ist nicht nur die Mutter, sondern auch der Vater gefordert.

Da die Mutter den größten Teil des Tages mit ihrem Kind verbringt, ist sie es zunächst, die am meisten zur Sprachfähigkeit des Kindes beiträgt. Aber das Kind braucht auch das Angesprochensein vom Vater. Vielleicht meint man, das Kind verstehe ohnehin nichts, also sei es auch nicht nötig, so viel Zeit mit ihm zu verbringen. Wenn es saubergehalten wird und regelmäßig seine Nahrung erhält, müßte es zufrieden sein. Aber das Kind ist kein Auto, das lediglich gewartet werden muß. Das Kind besitzt Lernfähigkeit, es kann geprägt werden und reagiert darauf, wie man ihm begegnet. Es freut sich, wenn Mutter und Vater mit ihm sprechen, mit ihm singen, ihm vorlesen und dabei Geduld zeigen. Wenn ein Kind erkennt, daß Vater und Mutter es verstehen, ist es glücklich. Zu dem Hinhören gehört Zeit. Ungeduldiges Abwinken oder unwilliges Verhalten verursachen Angst. Und Angst macht ein Kind stumm.

Vor einiger Zeit kam ein Student in meine Praxis, der sehr gestört war. Die Eltern waren geschieden. Der Vater als Taugenichts bekannt. Wie der junge Mann berichtete, war die Mutter stets dominierend. Der Vater hatte es nie geschafft, gegen seine Frau anzukommen. Sie war zu stark. Und der Vater zu schwach. Nur seinem

Kind gegenüber zeigte er sich überlegen. Da war er stark. Sehr stark. Zu stark. Eines Nachts, als das Kind weinte, wurde der Vater so wütend, daß er aufsprang und sein Kind blutig schlug. Seitdem hatte das Kind nie mehr geweint. Es war verstummt. Es dauerte Jahre, bis es das erste Wort sprach. Und diese innere Verletzung ist nie ausgeheilt.

Wenn nun der Vater Interesse bei seinem Kind merkt, ist für ihn die Gelegenheit gekommen, sein Kind zu lehren. Und so fragen wir:

2) Was lehrt er?

Zunächst bringt der Vater seinem Kind instrumentale Fähigkeiten bei. Das beginnt schon sehr früh, wenn der Vater dem Kind zeigt, wie ein Baustein auf den anderen gesetzt werden kann und plötzlich ein hoher Turm vor den Augen des Kindes wächst. Und wenn das Kind dagegen stößt, kippt dieser Turm in sich zusammen und das ganze Spiel kann von vorne beginnen. Dann werden kleine Autos aus Legosteinchen gebastelt, später vielleicht Flugzeuge oder je nach dem Interessengebiet des Vaters auch etwas anderes. So lernt das Kind, wie es mit dem Material umgehen kann. Für die Lernfähigkeit eines Kindes ist es besser, möglichst einfaches Spielzeug zu wählen, nicht Spielzeug, das nur gesteuert zu werden braucht. Ein Kind will sich kreativ betätigen. Es will nicht etwas Fertiges vorgesetzt bekommen. Damit kann es nur wenig anfangen. Die Phantasie muß eine Möglichkeit haben, sich zu entfalten. Da ist es oft besser, ihm einfache Klötze aus Holz oder Plastik zu geben, damit es sich seine eigene Welt aufbauen kann, als ein ferngesteuertes Auto, das nur durch einen Knopfdruck bedient zu werden braucht. Manchmal genügen schon ein Pappkarton und bunte Stifte und eine Schere. Welch eine Zauberwelt kann da entstehen!

In dieser Zeit wird der Grundstein gelegt für die spätere Entwicklung.

Wenn man das Kind mit Spielzeug überhäuft und ihm stets den neuesten Modetrend vorsetzt, wird das Kind immer nach etwas Neuem verlangen, aber schon nach wenigen Augenblicken sich gelangweilt wieder abwenden. Es ist für Eltern nicht immer einfach, der Versuchung zu widerstehen, stets das Neueste dem Kind anzubieten. Sie möchten ja das Beste für ihr Kind! Aber diese Verwöhnung wirkt sich später eher negativ aus. Es ist viel besser, wenig und einfaches Spielzeug dem Kind zu geben, Spielzeug, das Variationsmöglichkeiten hat, damit das Kind nach seiner eigenen Phantasie damit spielen kann.

Zu den instrumentalen Fähigkeiten gehört auch der Sport. Nicht alle Kinder sind sportlich begabt, doch alle haben Freude an der Bewegung. Auch hier gibt es viele verschiedene Möglichkeiten. Am besten ist es, wenn der Vater sich selbst einbringt. Da wird nicht nur die körperliche Ertüchtigung erzielt, sondern zugleich auch der hautnahe Kontakt. Mit welch einer Begeisterung toben Kinder mit ihrem Vater, wenn sie sich mit ihm auf dem Teppich oder dem Rasen herumwälzen können, mit ihren kleinen Armen ihn niederzwingen und wie eine Burgmauer triumphierend besteigen. Oder auf seinem Rücken reiten, wie ein stolzer Ritter, der sein wildes Pferd bezwingt, aber alle Mühe anwenden muß, um nicht abgeworfen zu werden. Solch ein Spiel verbindet zudem Vater und Kind.

Oder es werden gemeinsame Radtouren geplant. Auch schwimmen ist bei Kindern sehr beliebt, schon bei den Kleinsten. Das Wasser als Element hat immer etwas Anziehendes für Kinder. Und dabei kann auch ein ängstliches Kind durch das Vorbild des Vaters lernen, früh seine Scheu zu überwinden, bis es ihm sogar Freude bereitet. Ein gemeinsamer Ausflug zum See oder zum Meer dient zugleich dazu, das Kind mit Gefahren vertraut zu machen, so daß es unterscheiden lernt, was es sich zumuten kann und wo es verzichten muß, um sein eigenes Leben nicht zu gefährden. Andere Väter wieder werden Ballspiele bevorzugen, je nachdem, welch einem Hobby der Vater selbst nachgeht.

Auch Wanderungen sind hier zu nennen, wobei ein Kind erfahrungsgemäß das Abenteuer vorzieht. Es wird in der Regel keine sehr große Freude daran finden, auf ausgetretenen Spazierwegen, die möglichst noch geteert sind, stundenlang zu laufen. Viel interessanter dagegen sind Bergtouren oder Streifzüge durch den Wald, wobei es sich selbst seinen Weg bahnen muß. Solch ein Ausflug kann zu einem Abenteuer werden, das für das Kind unvergeßliche Eindrücke hinterläßt. Da ist die alte Burgruine. Und wenn Vater und Kind auf der zerbröckelten Mauer sitzen, kann der Vater von alten Zeiten erzählen. Und schon sieht das Kind die starken Ritter in ihrer Rüstung, es sieht, wie das feindliche Heer anrückt, die Pferde sich aufbäumen. Es sieht die Speere in der Sonne glitzern und hört, wie die Klingen sich kreuzen – als wäre es dabei. Auf diese Weise wird dem Kind zugleich ein Stück Geschichte vermittelt. Es lernt, ohne es zu registrieren, wie früher die Vorfahren gelebt haben. Welches Werkzeug sie benutzten, wie sie ihr Essen zubereitet haben und mit welchen Gefahren sie sich auseinandersetzten. Eine ganze Welt tut sich da vor dem Kind auf.

Und dann sind da die Reparaturen. Wieviel gibt es allein im Haushalt zu reparieren. Da ist der Staubsauger, der nicht mehr funktioniert, das Fahrrad, das einen Platten hat, und natürlich das Auto. Das Auto hat – vor allem für den Jungen – mit Sicherheit die größte Anziehungskraft. Wo immer etwas zu reparieren ist, sollte das Kind mit einbezogen werden.

Auch wenn es darum geht, im Garten ein Hütte zu bauen: Das Kind kann helfen. Vielleicht sogar kann es sich eine eigene Hütte bauen, in der es sogar übernachten darf!

Dabei ist es wichtig, dem Kind kleine Aufgaben selbständig zu übertragen. Wenn es lediglich als Handlanger herangezogen wird, bringt ihm das wenig Befriedigung. Besser wäre es, wenn es eine bestimmte Aufgabe übertragen bekommt, für die es dann auch verantwortlich ist – natürlich muß diese Aufgabe seinen Fähigkeiten angepaßt sein. Oder das Kind bekommt ein Stück Garten zugewiesen, das es selbst bearbeiten kann. Es darf den Samen aussuchen und selbst ausstreuen und dann beobachten, wie die kleinen Pflänzchen wachsen.

Hier geschieht anhand des praktischen Beispiels ganz unbemerkt eine Wissensvermittlung. Überhaupt sind Beispiele aus der Natur sehr geeignet, das Kind in das Leben einzuführen.

Wieviel gibt es zu sehen, wieviel zu erzählen! Wodurch entsteht der Schnee, wie kommt es zum Regen? Und der Sturm? Und dann die Bäume. Die Blüten, wie sie sich öffnen. Die Bienen. Die Frucht, die das Kind selbst pflücken kann und vielleicht sogar schmecken –.

Gemeinsam beobachten Vater und Kind über Monate, wie hier neues Leben entsteht.

Und wenn das Kind Angst hat vor dem Gewitter – wieder ist der Vater da, der es auf den Arm nimmt oder die Hand erfaßt und mit ihm ans Fenster tritt, um die Blitze zucken zu sehen. Was ist Elektrizität? Der Vater kann es seinem Kind erklären.

Eine weitere Fähigkeit, die der Vater seinem Kind vermittelt, ist die analytische Problemlösung. Was ist damit gemeint? Wenn das Kind vor einem Problem steht, das es selbst nicht bewältigen kann, wird es zu seinem Vater kommen. Wie verhält sich nun der Vater? Winkt er ab und schickt das Kind zur Mutter? Oder versucht er, sein Kind mit dem oberflächlichen Trost zu beruhigen: Das wird schon wieder gut werden? Oder nimmt er sich jetzt Zeit, um gemeinsam mit dem Kind das Problem zu lösen?

Das erste, was der Vater tut, ist: hinhören. Das Kind soll formulieren, klar die Situation beschreiben, und dann werden Vater und Kind gemeinsam überlegen. Möglichst so, daß das Kind seine eigenen Ideen mit einbringen kann. Das ist weit besser, als wenn der Vater sofort eine fertige Lösung anbietet. Auf diese Weise wird das Kind zum Denken und ruhigen Abwägen angeregt. Kausale Zusammenhänge werden geklärt. Wenn es sich um ein zerbrochenes Spielzeug handelt, hilft der Vater, es wieder zusammenzusetzen. Wenn es um ein mathematisches Problem geht, kann – hoffentlich – der Vater auch hier helfen.

Viele Väter fühlen sich heute überfordert. Sie weichen ihren Kindern aus, um nicht ihre Inkompetenz eingestehen zu müssen. Früher war Wissen noch überschaubarer als heute. Durch die vermehrte Kenntnis – vor allem auf dem Gebiet der Computertechnik – werden Väter und Kinder einander immer fremder. Das Wissen wird immer spezifischer. Selbst in der Grundschule wird schon beobachtet, daß ein Vater auf die Frage seines Kindes antworten muß: »Das weiß ich nicht.« Viele Väter können heute einfach nicht mehr Schritt halten. Sie sind auf ihrem Gebiet zwar kompetent, aber die Fragen, die das heranwachsende Kind an sie stellt, können sie häufig nicht beantworten. Und wenn der Vater die Arbeiten seines Kindes sieht und danach fragt, kann es sein, daß das Kind abwinkt mit den

Worten: »Ach Papa, davon verstehst du doch nichts.« Durch solch eine Bemerkung glaubt der Vater seine Autorität in Frage gestellt. Vielleicht gelingt es ihm, mit Humor zu reagieren. Vielleicht aber auch fühlt er sich so gekränkt, daß er nun auf andere Weise seine Überlegenheit meint demonstrieren zu müssen.

Warum sollte ein Vater nicht zugeben, daß er nicht alles weiß? Es ist besser, ehrlich zu sagen, daß er es nicht weiß, als nach irgendeiner Ausrede zu suchen, die ohnehin ein Kind sogleich durchschauen würde. Durch solch ein Versteckspiel wird nur das Verhältnis zwischen Vater und Kind unnötig belastet.

Wenn das Kind dagegen merkt, daß der Vater auf seinem Gebiet durchaus kompetent ist und sein Fach versteht, schmälert das nicht seine Achtung, wenn er auf einem anderen Gebiet keine Antwort weiß. Im Gegenteil, das Kind wird solch eine realistische Demut des Vaters mit seiner Achtung respektieren.

Leider sind heutzutage viele Väter so beschäftigt, daß sie das Lehren vollständig der Schule überlassen. Doch bleibt es die Verantwortung der Eltern – vor allem des Vaters –, diese Erziehung zu überwachen. Denn der Einfluß der Schule darf nicht unterschätzt werden. Die Schule ist zu einer unabhängigen Instanz geworden. Deshalb sollten die Eltern von ihrem Elternrecht Gebrauch machen und eng mit der Schule zusammenarbeiten. Sie sollten Einblick nehmen in die Schulbücher – und sie werden vermutlich entsetzt sein, was sie dort zu lesen bekommen.[25]

Auch können sie den Unterricht besuchen, damit der Lehrer weiß, daß er den Eltern über das, was er die Kinder lehrt, Rechenschaft schuldet.

Schließlich gehört auch die Arbeitsmotivation mit zum Lehrinhalt. Wieder ist das Vorbild entscheidend. Wenn das Kind sieht, wie der Vater zu seiner Arbeit steht, wird das Kind diese Einstellung unwillkürlich übernehmen. Wenn nun der Vater ein positives Ergebnis bei seinem Kind sehen möchte, muß er selbst mit gutem Beispiel vorangehen.

Gerade in der heutigen Zeit, wo der ganze Trend dahin geht, daß der andere verpflichtet und das Unangenehme abgewälzt wird, kann der Vater nicht von der Institution Schule erwarten, daß sie in dem Kind die moralische Einstellung zur Arbeit weckt. Das ist primär Verantwortung des Vaters.

Es hat sich übrigens gezeigt, daß Kinder, die schon früh Verantwortung für Tiere und Pflanzen übernehmen mußten, im späteren Leben fürsorglich waren und eher bereit, Verantwortung zu tragen.[26]

Die letzte Frage wäre: 3) *Wie lehrt er?*

Zunächst natürlich – wie wir oben beschrieben haben – im Spiel. Er wird Material zusammenstellen und mit dem Kind gemeinsam etwas gestalten. Er wird das Material nicht einfach dem Kind geben, sondern selbst neben ihm auf dem Boden liegen, um dem Kind zu zeigen, was man alles mit diesen Klötzen anfangen kann. Und das Kind wird beobachten und dann auch seinerseits versuchen, das nachzubauen. Und wenn es vom Vater für die Arbeit gelobt wird, ist das der schönste Erfolg. Eine Befriedigung, die zum Weitermachen anspornt.

Und wenn es gar nicht gelingen will, das Kind vor Wut alles wieder zerstört und keine Lust hat, noch einmal von vorne zu beginnen, dann wird der Vater mit ihm gemeinsam erneut beginnen, damit das Kind lernt, nach einem Fehlschlag nicht einfach aufzugeben, es vielmehr ein zweites Mal versuchen und auch ein drittes, ja, vielleicht sogar ein viertes Mal. Und endlich wird es gelingen. Und dann wird das Kind erleichert sein und stolz, weil es das Werk geschafft hat. Dann wird diese Arbeit einen noch weit größeren Wert erhalten, als irgendeine andere Arbeit, die nichts gekostet hat.

Darum ist es so wichtig, daß ein Spielzeug dem Alter entsprechend ausgewählt wird. Das Kind muß an diesem Spielzeug seine Fähigkeiten entfalten können.

Wenn man einem Zehnjährigen Bauklötze vorlegt, wird er frustriert sein. Aber auch umgekehrt, wenn man einem Zweijährigen ein Modellflugzeug anbietet, wird dieser nicht glücklich sein.

Die Art, wie der Vater lehrt, hat einen großen Einfluß auf das Kind. Es ist erwiesen, daß autoritäres Verhalten die akademischen Fähigkeiten eines Kindes hemmt.[27] Wenn also der Vater als der große Alleswisser auftritt und sein Kind spüren läßt, daß er ihm weit überlegen ist, wird er bald sein Kind verlieren. Es wird einfach nicht mehr den Mut aufbringen, sich mit seinen Fragen an den Vater zu wenden. Die Aufgabe des Vaters ist es, sein Kind zu ermutigen. Zu unterstützen. Positiv anzusprechen. Wenn der Vater sein Kind herunterputzt mit Worten wie: »Das müßtest du selber wissen!« oder: »Ich wußte, daß du zu nichts taugst!« wird es nicht lange dauern, und das Kind wird davon selbst überzeugt sein, zu nichts brauchbar zu sein. Das Resultat wird dann entsprechend werden.

Wie also soll der Vater lehren? Als Vater. Als Freund. Beides ist wichtig. Ein Vater, der nur Kumpel seiner Kinder ist, kann sie nicht weiterführen. Nur der Vater, der als Autorität sich auf die Ebene des Kindes stellt, wird sein Kind dahin führen können, wo er selber steht. Er kann dem Kind den Weg zeigen. Dabei ist es gar nicht einmal entscheidend, daß der Vater immer Recht behält. Auch ein Vater darf sich irren. Aber er muß diesen Irrtum seinem Kind auch eingestehen. Das wird keine Zacken aus der väterlichen Krone brechen. Im Gegenteil, dadurch wird der Vater menschlicher und rückt dem Kind noch näher. Das Kind fühlt sich verstanden, und wenn es selbst einen Fehler macht, wird es eher bereit sein, diesen Fehler seinem Vater zu offenbaren. Wenn der Vater dagegen als unfehlbar dasteht, fühlt sich das Kind total unterlegen.

Wie lehrt der Vater? Am meisten durch sein eigenes Verhalten, das Vorbild, und die Atmosphäre, die er schafft. Wenn er hektisch ist, voller Ungeduld, gereizt, nervös – kann das Kind sich nicht öffnen.

Wenn dagegen der Vater Gelassenheit ausstrahlt, Vertrauen und Liebe, wird es für das Kind nicht schwer sein, eine neue Aufgabe anzupacken; denn es weiß: Mein Vater läßt mich nicht allein. Er fängt mich auf, wenn ich falle. Er ist da.

f) Der Vater als Mann Gottes

In einigen Kulturen übt der Vater die Funktion eines Priesters aus, er ist gleichsam Bindeglied zwischen der Familie und der Götterwelt. Der Vater ist derjenige, der seine Familie vor den Göttern vertritt und stellvertretend das Opfer bringt.

Auch im Alten Testament ist vom Priestertum die Rede.[28]

Worin besteht nun die Priesterfunktion des Vaters?

Immer wieder wird es in der Thora den Vätern eingeschärft: »Wenn eure Kinder später einmal fragen ...« So lesen wir in 5. Mose 6,20: »Wenn dich nun dein Sohn morgen fragen wird: Was sind das für Vermahnungen, Gebote und Rechte, die euch der Herr, unser Gott, geboten hat, so sollst du deinem Sohn sagen: Wir waren Knechte des Pharao in Ägypten, und der Herr führte uns aus Ägypten mit mächtiger Hand, und der Herr tat große und furchtbare Zeichen und Wunder an Ägypten und am Pharao und an seinem ganzen Hause vor unseren Augen und führte uns von dort weg, um uns hineinzubringen und uns das Land zu geben, wie er unseren Vätern geschworen hatte ...« Und an anderer Stelle: »Wenn eure Kinder zu euch sagen werden: Was habt ihr da für einen Brauch? sollt ihr sagen: Es ist das Passahopfer des Herrn, der an den Israeliten vorüberging in Ägypten, als er die Ägypter schlug und unsere Häuser errettete.«[29] Oder: »Diese Worte sollst du deinen Kindern einschärfen und davon reden, wenn du in deinem Hause sitzt oder unterwegs bist, wenn du dich niederlegst oder aufstehst ...«[30] So machte der Vater »den Kindern die Treue Gottes kund.«[31] Als Zeuge des Eingreifens Gottes gibt der Vater an seine Kinder weiter, was er selbst erlebt oder von seinen Vätern vernommen hat.

Der Glaube des Vaters ist nicht abstrakt, sondern erlebte Geschichte. So weckt der Vater mit dem Erzählen der großen Taten Gottes zugleich das Geschichtsbewußtsein seiner Kinder. Das Kind wird hineingenommen in das Weltgeschehen. Es lernt, Zusammenhänge zu verstehen.

Der Vater öffnet mit seinem Erzählen dem Kind die Augen für das Handeln Gottes und das Tun der Menschen. So wird Geschichte auch für das Kind lebendig.

Das Kind fragt – und der Vater antwortet. Und eines Tages wird das Kind den Vater auch nach dem eigenen Erleben fragen. Und dann wird der Vater erzählen von der Geschichte, in der er selbst ein Teil ist. Und wenn das Kind größer geworden ist, wird es den Vater noch einmal fragen. Und wieder wird der Vater antworten. Er wird erzählen von dem, wie er selbst Gott erlebt hat. Und wenn das mit einer schuldhaften Erinnerung verbunden ist, die der Vater gerne verdrängen wollte, wird er auch von der Vergebung sprechen.

Ein Lehrer will ja, daß ein Kind lernt. Es soll vorbereitet werden. Darum soll die Geschichte des Menschen nicht wie ein Geheimnis verschwiegen, vielmehr in die Gegenwart zurückgerufen werden. Ein Kind soll lernen, sein Heute in der Relation zu dem Gestern zu sehen.

Darum auch soll der Vater von den Gefahren sprechen, die überall lauern, um den Menschen in die Falle zu locken. Jene geheimen Verführer. Das Kind muß den Feind früh genug erkennen, um gegen ihn gewappnet zu sein.

Der Vater ist aber nicht nur das Bindeglied zwischen der Gegenwart und der Vergangenheit, sondern er zeigt, daß Gott heute genauso gegenwärtig ist, wie er es damals war. Durch das Berichten des Vaters sollen die Kinder ermutigt werden, Gott auch in ihr Leben einzubeziehen.

Als Mann Gottes wird der Vater für seine Kinder eintreten vor Gott. Am Beispiel Hiobs lesen wir, wie Hiob seine Kinder im Gebet vor Gott brachte.[32] Und darin besteht die Hauptverantwortung des Vaters. Als Vater wird er seine Kinder vor Gott vertreten und ihre Anliegen vor Gott bringen. Er wird von Gott Rat erbitten und Weisheit in allen Entscheidungen. Er wird jede Lebensphase seines Kindes mit Gott besprechen. Das ist weit wirksamer, als sich an ein festes Schema zu klammern.

Es gibt keine allgemein gültige Regel, wie der Vater innerhalb der Familie sein Priesteramt wahrnehmen sollte. Ist für den einen die tägliche Familienandacht fester Bestandteil des Tages, so wird ein anderer ganz darauf verzichten. Im allgemeinen sieht es so aus, daß – solange die Kinder noch klein sind – die Mutter ihnen Geschichten aus der Bibel vorliest oder erzählt, mit ihnen singt und auch vor dem Schlafengehen mit ihnen betet. Erfahrungsgemäß begrüßen es die Kinder, wenn auch der Vater anschließend am Bett des Kindes verweilt und mit einem Gebet den Tag abschließt. In diesem Gebet fühlen sich die Kinder geborgen. Um das Gefühl des Geborgenseins möglichst intensiv genießen zu können, werden solche Augenblicke gerne ausgedehnt.

Aber wenn nun das Gebet oder die Andacht zu einem Ritus wird, verliert es die Kraft. Und irgendwann kommt der Zeitpunkt, an dem die Kinder sich dagegen wehren. Vielleicht nicht mit Worten, aber mit dem Gefühl.

Ich kenne Familien, in deren Tagesablauf die Andacht einen festen Platz einnahm. Jede Mahlzeit wurde entweder mit einem Kalenderblatt oder einem Kapitel aus der Bibel abgeschlossen. Und die Gebete mit den längst vertrauten Worten wiederholten sich so Tag für Tag. Wie ein Talisman, der die Kinder schützen sollte. Die Tradition wurde fortgesetzt – aber darin war keine Freude, keine Kraft.

Die tägliche Andacht muß dem Bedürfnis der Kinder entgegenkommen. Wenn der Altersunterschied groß ist, wird es schwer sein, eine gemeinsame Lösung zu finden, von der alle profitieren.

Bei heranwachsenden Kindern ist es mehr die Aufgabe des Vaters, die geistliche Leitung zu übernehmen, andernfalls besteht die Gefahr, daß der Glaube zu feminin geprägt wird. Natürlich kann die Frau genauso gut über geistliche Dinge reden; doch ist sie klug, dann räumt sie dem Vater die Führungsposition ein. Allerdings kommt es hier darauf an, wer dieser Vater ist und wie er zu Gott steht. Wenn er lediglich meint, seine Pflicht erfüllen zu müssen, sollte er lieber ganz auf die Andacht verzichten, damit er nicht Aggressionen und Ablehnung seiner Kinder herausfordert. Er könnte sonst ihre Herzen ganz dem Evangelium verschließen.

Wenn dagegen die Kinder im Alltag ihren Vater erleben und sehen, daß er aufrichtig ist, ohne Heuchelei, daß er mit der Mutter in derselben Weise spricht, wie er mit Gott redet, ohne Pathos, dann wird es für die Kinder leichter sein, das, was der Vater sagt, auch zu akzeptieren. Doch wenn er den Tonfall seiner Stimme in der Andacht verändert und er sich müht, nach ausgefallenen Worten sucht oder gar den vertrauten Reim Tag für Tag wiederholt, wird er von den kritischen Heranwachsenden einfach nicht ernst genommen. Mit solch einem unnatürlichen Verhalten kann kein Vater die Liebe zu Gott in seinen Kindern wecken.

Das Wichtigste ist, daß der Vater selbst mit Gott lebt. Daß er sich in seinem persönlichen Gebet Zeit nimmt, um sich Gott zu stellen. Daß er in Gottes Wort studiert, sich korrigieren läßt, daß er demütig ist und nicht sich bemüht, vor seinen Kindern als unfehlbar zu gelten.

Ein Vater, der den Mut hat, auch seine Kinder um Verzeihung zu bitten, wenn er ihnen Unrecht getan hat, wird von seinen Kindern ernst genommen. Dann wird die ganze Atmosphäre so sein, daß auch ein Außenstehender es merkt, daß Gott in diesem Hause gegenwärtig ist. Da braucht der Vater gar nicht viele Worte zu machen. Auch wenn er nicht jeden Tag von Gott redet, die Kinder sehen ja, daß der Vater mit Gott rechnet. Sie werden ganz selbstverständlich in das tägliche Erleben einbezogen.

Hatte der Vater nicht um eine Lösung für die schwierige Schulsituation gebetet? So hat also Gott sein Gebet erhört, als das Problem sich jetzt wie von selbst löste. Und hatte der Vater nicht erzählt, daß der Nachbar durch den Autounfall schwer verletzt wurde? Die Kinder wußten, daß der Vater schon lange für diese Familie betete. Was würde nun geschehen? Auch haben die Kinder miterlebt, wie der Vater eine große Enttäuschung im Geschäft hinnehmen mußte. Wie wird er sie tragen? Und wenn sie jetzt als Familie vor einer schwierigen Entscheidung stehen, werden sie gemeinsam niederknien, um Gott die Angelegenheit vorzutragen. Und dann werden sie gespannt sein auf das, was Gott tut und wie er diese Situation verändert. Noch wissen sie nicht wie, aber sie vertrauen miteinander, daß Gott diese Sache in seinen Händen hat.

So können wir für die Priesterfunktion oder das Priesteramt des Vaters kein Gesetz aufstellen, auch keine Richtlinie geben, an die der Vater sich anlehnen könnte. Der Vater hat dieses Amt von Gott erhalten, so wird er sich auch von Gott leiten lassen, wie er dieses Amt am besten ausführen kann. Wichtig ist, daß der Vater ein Mann Gottes ist, dessen Reden und Sein übereinstimmen; daß der Vater nicht fromme Worte macht und im Alltag seiner Frau rechthaberisch begegnet. Dann sollte er lieber ganz schweigen, um nicht in den Augen seiner Kinder als Heuchler dazustehen.

Kinder haben ein sehr feines Gespür. Sie können sehr wohl das Echte vom Unechten unterscheiden. Und ein Vater, der zwar in der Gemeinde einen Posten hat, sich aber in der Familie nicht bewährt, wird nicht ernst genommen. Zuerst sollte darum der Vater in seinem eigenen Hause gerecht und barmherzig sein, dann kann er auch mit seinen Kindern über die Gerechtigkeit und Barmherzigkeit Gottes sprechen. Zuerst muß die Liebe in seinem eigenen Leben sichtbar werden, bevor er von der Liebe Gottes zu seinen Kindern spricht.

g) Das Bild des Vaters

Zusammenfassend wollen wir fragen: Wer ist nun Vater? Oder welchem Bild sollte er entsprechen? Würde man Kinder fragen, so erhielten wir die unterschiedlichsten Antworten. Aber eines wäre ihnen allen gemeinsam: Das Kind sucht Geborgenheit, Sicherheit und Schutz. Es braucht den starken Vater, auf den es sich verlassen kann. Der Vater ist wie eine Burg. Und sein Wort wiegt schwer. Denn hinter dem Wort des Vaters steht seine Autorität. Diese Autorität strahlt Festigkeit aus, und die Festigkeit vermittelt Vertrauen. Mit seinem Wort setzt der Vater Grenzen. Das sind die Mauern. Daran kann sich das Kind festhalten. Und innerhalb dieser Mauern fühlt es sich geborgen. Es braucht diese Grenze.

Natürlich will es das Gefühl haben, frei zu sein. Es erlebt ja jede Mauer als Einengung. Und wenn es bei Gleichaltrigen erlebt, in welch einer Freiheit sie ihr Leben gestalten können, wird es auch für sich selbst auf diesen Freiraum einen Anspruch erheben.

Aber würde jetzt der Vater um der Beliebtheit willen sich dem Kind fügen, vielleicht auch um von den Freunden des Kindes als modern und fortschrittlich anerkannt zu werden, so würde er damit seinem Kind nicht helfen. Es ginge ihm dann letztlich nur um sein eigenes Prestige. Von einem guten Vater wird darum Mut erwartet, anders zu sein. Mut, zu seiner Entscheidung zu stehen, ohne ängstlich nach rechts und links zu blicken, was die andern tun und sagen. Denn die Entscheidung trifft er aus der Verantwortung seinem Kind gegenüber. Nicht aus einem starren Prinzip oder aus der Tradition, weil es schon immer so war; sondern weil er das Ziel vor Augen hat: die reife Persönlichkeit seines eigenen Kindes.

Grenzsetzung bedeutet für das Kind ein Zuhause. Solche Mauern engen nicht ein; sie schützen.

Was jedoch letzlich die Geborgenheit ausmacht – das ist die Persönlichkeit des Vaters. Nicht nur seine Kraft, sondern seine Wahrhaftigkeit. Das Kind weiß, ich kann mich auf meinen Vater verlassen. Er steht zu seinem Wort. Er ist treu, dem Kind zugewandt. Seine ganze Persönlichkeit ist ehrlich, ohne Falschheit. Wort und Wesen sind kongruent; sie decken sich.

Er kann auch trösten. Anders als die Mutter. Aber dennoch vielfach ebenso wirksam. Er kann trösten, denn er kennt das Leben. Er ist mit Schwierigkeiten vertraut. Er erschrickt auch nicht, wenn das Kind mit einer Schuld zu ihm kommt. Er kann zuhören, und wenn er etwas sagt, wird er meinen, was er sagt. Er kann auch schweigen, und wird nichts tun, was sein Kind unnötig verletzt. Und wenn er selbst mit Schwierigkeiten zu kämpfen hat, wird er es nicht zulassen, daß diese Schwierigkeiten ihn beherrschen. Er wird vielmehr noch immer Raum haben, um die Not seines Kindes in sein Herz hineinzulassen.

Er wird nicht ängstlich bemüht sein, an seinem Bild herumzupolieren, um in den Augen seines Kindes groß dazustehen. Der rechte Vater kann auch klein sein, ohne an Größe dadurch zu verlieren. Er ist nicht auf den Beifall anderer angewiesen, denn er sucht nicht Ehre für sich selbst. Er möchte seinem Kind dienen. Ihm das geben, was es braucht, und der sein, den es so dringend nötig hat: Der eine, der einen Schritt voraus ist und dadurch mehr Lebenserfahrung hat. Er wird sich auch nicht selbst bedienen lassen und den anderen verpflichten, für ihn zu sorgen. Er selbst wird vielmehr dazu beitragen, daß das Leben lebenswert ist. Er wird seine eigenen Ideen und Fähigkeiten einbringen und wird wach sein Umfeld beobachten und dort einspringen, wo Hilfe nötig ist.

Es macht nichts, wenn seine Hände von der Arbeit rauh geworden sind. Solange nur seine Augen gütig auf sein Kind schauen, und diese Hände sich ausstrecken, um sein Kind zu empfangen. Auf solch einen Vater wird ein Kind stolz sein.

Darum brauchen Väter heute wieder eine Vision.

Ein Kind wurde gefragt: Wie sollte ein Vater sein? Da antwortete das Kind: »Male ein Bild von *meinem* Vater und schreibe darunter: So soll ein Vater sein.« Gibt es ein schöneres Zeugnis für einen Vater?

h) Und wenn der eigene Vater versagt hat?

Wenn nun der eigene Vater versagt hat und das negative Verhältnis den Sohn noch immer belastet, wie kann er dann seinen Kindern Vater sein?

Stimmt es, daß nur der Geborgene bergen kann? Aber was geschieht, wenn der Vater, der seinen Kindern Geborgenheit vermitteln möchte, selbst nie Geborgenheit erlebt hat? Wie soll er seine Kinder Barmherzigkeit lehren, wenn er selbst keine Barmherzigkeit erfahren hat? Wenn seine eigene Seele noch immer verwundet ist von den ungerechten Schlägen, wenn er noch immer tief verletzt ist von der Demütigung, die er selbst erleben mußte – wie kann er seine eigenen Kinder lehren zu verzeihen?

Das Rad kann nicht zurückgedreht, und was war, nicht ungeschehen gemacht werden. Aber ein neuer Anfang kann gesetzt werden, bei dem all das Negative, das der Vater selbst erleiden mußte, umgeformt wird in Segen.

Ich erinnere mich an einen Familienvater, der darunter litt, daß er zu seinen Kindern keine Beziehung herstellen konnte. Er spürte, wie sie ihn mieden. Sie hatten Angst vor ihm und fühlten sich in seiner Gegenwart bedroht.

»Sie sind erleichtert, wenn ich wieder gegangen bin«, klagte er. Und dann gestand er: »Ich kann mit mir selbst nicht umgehen. Wie soll ich dann mit meinen Kindern zurechtkommen!«

Ich fragte diesen Mann nach dem Verhältnis zu seinem eigenen Vater. Und die Antwort war genau, wie ich vermutet hatte: »Ich hatte kein gutes Verhältnis zu meinem Vater. Mein Vater war zu streng. Und ungerecht. Ich habe immer versucht, ihm zu gefallen. Aber was ich auch tat, war ihm nicht gut genug. Er zog meinen Bruder vor. Ihm gelang alles. Ich hatte Angst vor meinem Vater. Er hat mich nie geliebt. Denn ich war nicht geplant. Das habe ich ihm nie verziehen.«

Weil der Sohn sich nicht mit dem Vater verstand, suchte er Trost bei der Mutter. Er wurde homosexuell. Es dauerte Jahre, bis diese Neigung wieder in natürliche Bahnen gelenkt werden konnte. Sein ganzes Leben schien zum Scheitern verurteilt. Und ein verzehrender Haß nagte an ihm. So wurde er depressiv und kam in die Behandlung.

Dieser Mann war irgendwo noch immer das verletzte Kind, das seine Kränkung nie vergessen konnte. Das Feindbild hatte sich so tief in seine Seele eingegraben, daß es ihn noch immer prägte. Es war für ihn zu einem Muster geworden, nach dem er sich unbewußt verhielt. Und auf Grund seiner Feindseligkeit dem eigenen Vater gegenüber war er in der Beziehung zu seinen Kindern nicht frei. Und ohne es zu wissen, war auch er an seinen Kindern schuldig geworden. Und das Ergebnis? Die Kinder lehnten ihren Vater ab.

Solange er seine eigene Vaterproblematik als unbewältigte Last mit sich herumschleppte, war er nicht fähig, spontan auf die Bedürfnisse seiner Kinder einzugehen. Unbewußt wurde er von seinen versteckten Emotionen bestimmt. Hier mußte zuerst ein innerer Heilungsprozeß einsetzen, indem er sich ganz bewußt seiner Bitterkeit stellte und anfing, dem eigenen Vater zu verzeihen, ihm nicht länger die alte Schuld vorzuwerfen. Das aber erschien unmöglich. Der Haß hatte sich zu tief in seine Persönlichkeit eingefressen.

Kurz nach unserem Gespräch wurde der alte Vater sehr krank. Der Sohn weigerte sich, den Vater noch einmal zu sehen. Er wollte ihn ganz aus dem Leben verbannen. Doch was niemand erwartet hatte, geschah. In seiner Hilflosigkeit fing der alte Vater an, in der Bibel zu lesen. Dann rief er seinen Sohn an und bat um Verzeihung. Es kam zur Versöhnung. So wurde eine neue Saat gesät.

Auch wenn die Verletzungen noch so schwerwiegend und das erlittene Unrecht noch so einschneidend waren – es kann eine neue Saat gesät werden. Aber zuvor müssen die alten Erinnerungen losgelassen werden. Das ist ein Appell an den Willen. Nicht an das Gefühl.

Für denjenigen, der die Beziehung zu seinen Kindern verändern will, aber noch immer die Ketten seiner eigenen Gefangenschaft an sich trägt, gibt es eine Hoffnung.

Wen die alten Verletzungen noch immer quälen, der kann im Gebet noch einmal all die Stationen seines Lebens durchlaufen, um all die Enttäuschungen und bitteren Erinnerungen vor Gott auszusprechen. Dieses bewußte Aussprechen ist wie eine Loslösung. Eine Szene nach der anderen. Eine Bemerkung nach der anderen. Ich gebe sie Gott. Und sooft die Erinnerung diese Gedanken noch einmal zurückholen will – gestatte ich es nicht. Ich weigere mich, noch einmal das Alte zurückzurufen. Ich weigere mich, noch einmal die alte Bitterkeit zu schmecken. Dieser inneren Diskussion noch einmal Raum zu geben – ich mache nicht mehr mit. Das versteckte Selbstmitleid. Es geht mich nichts mehr an. Und wenn die Gedanken tausendmal hintereinander auftauchen und ihre alten Rechte fordern und tausendmal beweisen wollen, daß sie stärker sind – so werde ich sie tausendmal besiegen, bis die Kraft des Negativen ganz gebrochen ist.

Und dieser eine, der so viel Schwierigkeiten und Leid in mein Leben gebracht hat – hat Gott ihn nicht gebraucht, um mein Leben zu gestalten? War er nicht das Werkzeug in Seiner Hand, mit dem Gott mich bearbeitet hat? So lege ich dieses Werkzeug in die Hände Gottes zurück. Ohne Bitterkeit. Denn Gott ist größer. Er weiß, wie Er mit diesem Menschen fertig wird. Ich schaue auf Ihn und vergesse, was dahinten ist, und strecke mich aus nach dem, was vorne ist.[33] Ich bleibe bei meiner alten Verletzung nicht stehen. Warum auch sollte ich mich noch länger versklaven lassen! Ich bin frei. Ich habe alles, was war, an Gott zurückgegeben. Und alles, was wir in Seine Hände geben, wird Er verwandeln. So wird ein Segen daraus. Ein Segen, der sich dann auch auf unsere Familien auswirken kann. Dann gilt das Wort aus dem Propheten Jesaja auch für diese unsere so aussichtslos erscheinende Situation:

»Gedenkt nicht an das Frühere und achtet nicht auf das Vorige! Denn siehe, ich will ein Neues schaffen, jetzt wächst es auf, erkennt ihr's denn nicht?«[34]

5. »Zeige uns den Vater«

Ich kenne Menschen, die können zu Gott nicht Vater sagen. Sooft sie von Gott hören, schrecken sie zurück. Und wenn sie beten sollen »Vater-unser«, werden ihre Lippen stumm. War es nicht der Vater, der sie so tief verletzte, der ihnen all das angetan hat, worunter sie jetzt leiden? Der Vater, der sie mißbraucht hat, sie ungerecht behandelt, im Stich gelassen hat.

Wie sollte der Vater, der seine Tochter sexuell mißbrauchte, den Vater widerspiegeln, der mit Augen der Reinheit sein Kind anschaut!

Und der Vater, der seinen Sohn stets gedemütigt hat, so daß der Sohn im späteren Leben völlig versagte, weil er unbewußt der Vorstellung des Vaters entsprach – wie kann solch ein Vaterbild die wahren Züge eines Vaters widerspiegeln?

Wie kann ein Kind glauben, daß Gott barmherzig ist, wenn es seinen eigenen Vater so brutal erleben mußte? Wie kann es glauben, daß Gott gerecht ist, wenn es Tag für Tag Zeuge der Ungerechtigkeit werden mußte?

Ein Vater voller Güte? – wo doch der eigene Vater so willkürlich war, so unberechenbar oder gleichgültig.

Solch ein Mißtrauen, das ein Kind durch die Enttäuschung an dem leiblichen Vater erlernte, wird es später auch auf Gott übertragen. So erlebt es Gott als Bedrohung.

Das zerbrochene Vaterbild – beschmutzt, entstellt – kann es noch die Güte reflektieren? Die Barmherzigkeit? Die Freundlichkeit? Die Liebe? Die Wahrheit? Die Treue? Gleicht es nicht vielmehr einem Zerrspiegel, der Gott zu einem Monster entstellt, in einen Moloch verwandelt, der nur darauf wartet, sein Kind, das sich ihm vertrauensvoll nähert, niederzuschmettern, um es zu zerstören? Mit lustvollem Genuß sich nichts als Grausamkeiten erdenkt, um sein Kind zu quälen? Ist es nicht wie das satanische Grinsen, das uns in solch einem Bild entgegenstarrt?

Aber wer ist der Vater? Oder: Wo ist nun der Vater? Der Vater, der sein Kind in Liebe umfängt, in selbstloser Liebe annimmt, der es birgt, trägt, ihm freien Raum läßt, damit es wie eine junge Knospe sich entfalten kann, um schließlich Frucht zu bringen und wieder Samen ausstreut, der neues Leben in sich birgt – wo ist dieser Vater?

Es ist die Sehnsucht des Menschen, diesem Vater zu begegnen. Die Sehnsucht ungezählter junger Menschen, die von einem Kontinent zum andern irren, um diesem Vater zu begegnen, der ihrem Leben einen Sinn verleiht. Die Sehnsucht der Menschen, die sich um einen Führer scharen, der ihnen all das verspricht, wonach sie sich sehnen; die Sehnsucht derer, die ihre Enttäuschung im Rausch zu vergessen suchen.

Wo ist der Vater, der die Sehnsucht all der Menschen stillt? Der Vater, der hört, wenn sein Kind ruft, und antwortet und auf dessen Antwort sich das Kind verlassen kann?

»Herr, zeige uns den Vater!« so bat auch Philippus.[35]

Und wie lautete die Antwort Jesu? »Solange bin ich bei euch, Philippus, und du kennst mich nicht?«

Kann es sein, daß der Vater längst unter uns war – und wir ihn nicht erkannt haben? Daß er da war und auf uns wartete – aber wir noch immer nach ihm riefen?

Wie auch Maria den Auferstandenen nicht erkannte. In ihren Schmerz versunken, von ihrer Trauer gefangen, glaubte sie, dem Gärtner begegnet zu sein. Bis Jesus sie ansprach und mit ihrem Namen rief: »Maria!«[36] Wie war es möglich, daß sie ihn nicht erkannt hatte?

Und die Enttäuschten auf dem Weg nach Emmaus. Auch sie haben Jesus nicht erkannt, weil ihre Gedanken nichts als die negativen Fakten sahen. Bis Jesus ihnen die Schrift auslegte. Da wurden ihre Augen geöffnet.[37]

Wie den Jüngern damals die Augen geöffnet wurden, so muß Gott auch uns heute die Augen auftun, damit wir den Vater sehen: Den Vater in seiner Güte, seiner unfaßbaren Barmherzigkeit und einer Liebe, die von uns Menschen nie ausgelotet werden kann.

»Wer mich sieht, der sieht den Vater«, hat Jesus gesagt. Wer darum den Vater kennenlernen will, muß Jesus begegnen. Denn »niemand kommt zum Vater, es sei denn durch mich«, sagt Jesus. Jesus ist der Weg zum Vater.[38]

Der himmlische Vater übte auf den Sohn eine unwiderstehliche

Faszination aus, so daß er schon als Zwölfjähriger sich nur in der Gegenwart des Vaters zu Hause wußte.[39] Die Gegenwart des Vaters aber war keine Einengung, sondern Befreiung. Denn zwischen Vater und Sohn bestand ein Vertrauensverhältnis. Wie der Vater den Sohn, kannte auch der Sohn den Vater.[40] Daher wußte der Sohn, daß er sich auf den Vater verlassen konnte. Ja, daß dieser Vater ihn nie im Stich lassen würde.[41] Es bestand eine Einheit zwischen Vater und Sohn, so daß Jesus sagen konnte: »Ich und der Vater sind eins.«[42] Und »alles, was der Vater hat, das ist mein.«[43] Es war eine Lebensgemeinschaft, die auf der Liebe basierte und in gegenseitiger Verehrung zum Ausdruck kam.[44] Der Wunsch des Sohnes war es, den Willen des Vaters zu tun. Davon lebte er. Das war seine Speise.[45] Und so konnte auch Gott-Vater auf seinen Sohn weisen und ihn als seinen »lieben Sohn« bezeichnen.[46]

Die Abhängigkeit vom Vater war für Jesus so absolut, daß er nichts von sich selbst tun konnte, sondern nur, was er den Vater tun sah, das tat er.[47] Das aber war keine Einschränkung der Freiheit, sondern Voraussetzung für die schöpferische Kraft der Liebe. Eine Kraft ohne Schwäche. Eine Liebe ohne Schatten. Sie war es, die den Sohn drängte, den Willen des Vaters zu tun. So spiegelt sich das Wesen des Vaters in dem Sohn wider.

Wenn wir sehen, wie Jesus dem Menschen begegnete, vernehmen wir zugleich das Wort des Vaters, als er sagte: » . . . darum bricht mir mein Herz, daß ich mich seiner erbarmen muß.«[48] Er ist der Vater, der weiß, was seine Kinder brauchen.[49] Und selbst dann, wenn wir untreu werden, bleibt er doch treu.[50] Denn er selbst, der Vater, hat uns lieb.[51]

So will Jesus den Menschen in diese Gemeinschaft mit dem Vater hineinnehmen, damit der Mensch wieder in das Vaterherz Gottes schauen kann und sich nicht länger mehr fürchtet.[52]

Es wäre falsch, würden wir jetzt all unser Sehnen auf den irdischen Vater richten. Er kann uns letztlich nicht den Vater zeigen. So rückt Jesus in das Blickfeld des Menschen, der in sich die Sehnsucht nach dem Vater trägt. Nicht der irdische Vater ist Ziel, sondern Gott, wie in der Skizze deutlich wird.

Gott, der verborgene Vater, hatte den irdischen Vater eingesetzt,

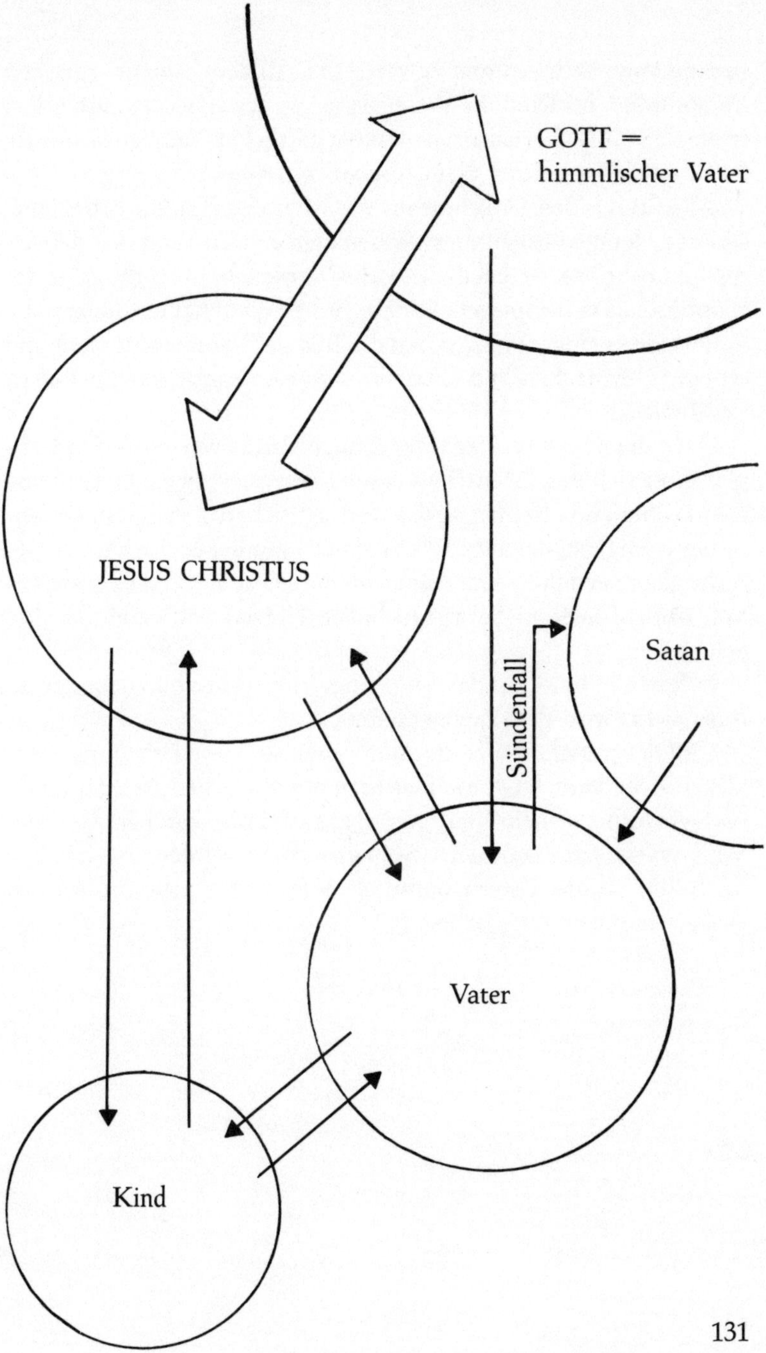
GOTT =
himmlischer Vater
JESUS CHRISTUS
Satan
Sündenfall
Vater
Kind

um die Vaterstelle sichtbar zu vertreten. An dem Bild des irdischen Vaters sollte das Kind die Wesenszüge Gottes erkennen, um selbst in ein vertrautes Verhältnis zu seinem göttlichen Vater zu kommen. Es sollte sich an dieser Gemeinschaft erfreuen.

Aber durch den Ungehorsam des Menschen ist ein Bruch entstanden, der die Beziehung zwischen dem ewigen Vater und dem irdischen zerstörte, so daß der irdische Vater nicht mehr die Züge des himmlischen widerspiegeln konnte. Statt dessen hat ein anderer die Stelle Gottes eingenommen und das Bild des Vaters verdunkelt und zu einem Schreckensbild entstellt, daß Jesus sagte: »Euer Vater ist der Teufel.«[53]

Doch die Barmherzigkeit des ewigen Vaters war größer. In Jesus gibt Gott sich dem Menschen neu zu erkennen. Seine Güte. Seine Geduld. Sein Erbarmen – all das zeichnet sich im Leben Jesu ab. Seine Gerechtigkeit, die so anders ist als das, was der Mensch unter Gerechtigkeit versteht. Seine Allmacht, die selbst den Tod überwindet. Voll Mitleid heilt er die zerbrochenen Herzen und verbindet ihre Schmerzen.[54]

In Jesu gibt uns Gott das heile, ungetrübte Vaterbild. Wer darum Jesus sieht, wird den Vater erkennen.

Und der irdische Vater, der nun seinerseits sein Leben mit Jesus identifiziert, kann auch das Leuchten des göttlichen Antlitzes, dieses Geheimnis, seinem Kind weitervermitteln. So kann das Herz der Väter wieder ganz neu zu den Söhnen gekehrt werden und das Herz der Söhne zu den Vätern, damit ein Volk vorbereitet wird für den großen Tag der Offenbarung.

6. Der wiedergefundene Vater

Am schönsten hat Jesus selbst die Züge des Vaters im Gleichnis von dem verlorenen Sohn gemalt.[55] Oder sollten wir die Geschichte überschreiben: Das Gleichnis von dem wiedergefundenen Vater? Ohne hier theologisch werden zu wollen, spricht dieses Gleichnis eine so einfache Sprache, das sie jeder verstehen kann. Dieser Vater ist so liebenswürdig, so voller Barmherzigkeit. Er ist weise; denn ist es nicht Zeichen der Weisheit, daß der Vater seinen Sohn freigibt? Hätte er den Freiheitsdrang seines Sohnes unterdrückt, würde dieser stets dem Vater Vorhaltungen gemacht haben.

Der Sohn glaubte sich vom Vater eingeengt. In seinen Möglichkeiten begrenzt. Alles, was außerhalb des Vaters war, erschien dem Sohn Glück und daher verlockend. Die Gemeinschaft des Vaters hatte seinen Reiz verloren. Ausgerüstet mit dem, was der Vater ihm gab, drängte der Sohn in die Freiheit – und erlebte die Freiheit als Gefangenschaft. Als er all seine Hoffnungen verspielt hatte und ihm kein Weg mehr blieb, tauchte das Antlitz des Vaters wieder vor ihm auf. Erst jetzt sah er, nicht was, sondern mehr noch: wen er aufgegeben hatte. Früher hatte er alles gehabt, was er brauchte; denn er hatte einen Vater, der ihn liebte.

Und der Sohn verglich. Alle anderen wollten etwas von ihm; aber sobald er seine sogenannten Freunde nicht mehr beschenken konnte, waren sie nicht mehr an ihm interessiert. Niemand war an ihm interessiert. Nur der Vater. Denn der liebte seinen Sohn – weil er der Sohn war. Dieser eine, der nicht durch einen anderen ersetzt werden konnte.

Was bedeutete nun all das, was die anderen »Glück« nannten! Es gab eine Zeit, da erschien es auch dem Sohn verlockend. Doch jetzt ekelte es ihn an. Es hatte sich zu einem gefräßigen Ungeheuer entpuppt mit einem unersättlichen Verlangen. Nichts war dem Sohn jetzt noch geblieben – nur der Vater. Und je mehr der Sohn über den Vater nachdachte, desto größer wurde die Sehnsucht in ihm. Bis er schließlich nur noch den einen Wunsch hatte: Zurück zum Vater.

Aber wie? So? Als ein Verlierer? Als Versager?

Was der Vater ihm mitgegeben hatte, war längst verspielt. Es war ihm nichts mehr geblieben, als die Enttäuschung an sich selbst. Das Bewußtsein, versagt zu haben. Die Schuld der verlorenen Jahre hatte sich tief in seiner Seele eingebrannt und schmerzende Wunden und Narben zurückgelassen. Nur einer konnte diese Wunden heilen: der Vater. Nur einer konnte so trösten wie Er.

Und während Jesus das Bild seines Vaters den Jüngern vor Augen malte, erkannten sie, daß dieser Vater die ganze Zeit auch auf sie gewartet hatte.

Und dann empfing er seinen Sohn. Ohne Vorwurf. Hatte der Sohn nicht schon genug gelitten?

Er hatte sich selbst in seiner ganzen Verlorenheit kennengelernt. Da war nichts Anziehendes mehr. Nichts, auf das der Sohn hätte stolz sein können. Alle Träume waren zerbrochen. Noch hing der Gestank der Schweine an den zerfetzten Kleidern. Und aus tiefer Verzweiflung kam das Wort »Vater« über die Lippen des Sohnes. Er wagte nicht, auf sein Sohnesrecht zu pochen. Er hatte es selbst weggeschleudert.

Aber der Vater war auch jetzt noch Vater geblieben. Und dieser Vater beschämte nicht seinen Sohn, indem er ihn spüren ließ: »Ich habe es ja gleich gewußt ...« Da war kein Vorwurf. Nicht ein Wort der Anklage. Nur Liebe. Eine Liebe, die ganz neu beschenkte.

In den Armen des Vaters erkannte der Sohn, was es bedeutete, Kind dieses Vaters zu sein, der vergibt und annimmt, als wäre nie eine Trennung gewesen. Jetzt, da der Sohn in das Herz des Vaters geschaut hatte, würde es ihm nie in den Sinn kommen, noch einmal gegen ihn zu rebellieren. Denn das, wogegen er sich zuvor gewehrt hatte, war das Bild, das er vom Vater in sich trug. Aber jetzt wußte er, daß dieses Bild nicht den wahren Zügen des Vaters entsprochen hatte.

7. Der Auftrag des Vaters

Das Bild des himmlischen Vaters soll dem irdischen helfen, auch seinen Kindern Vater zu sein. Die Zeit ist gekommen, daß der Vater in die Familie zurückkehrt. Daß die Familien wieder Zentren werden, eine echte Zuflucht, nicht nur Schlafstätte. Eine Lebensader. Eine Quelle, aus der neues Leben drängt.

Die industrielle Entwicklung kann nicht zurückgeschraubt werden. Jeder Versuch, so zu leben, als befände man sich noch in einer früheren Zeit, bleibt letztlich doch eine Illusion. Der Mensch wird mitgerissen. Er ist nicht mehr Herr der eigenen Produkte. So muß der Mensch sich fürchten vor dem, was er selbst geschaffen hat. Ja, hat er nicht seinen eigenen Tod bereits programmiert?

Die kühnsten Zukunftsträume haben sich als Todesfalle erwiesen, weil der Mensch die Schöpfungsordnung Gottes mißachtet hat. Diese Ordnung kann nicht zurechtgebogen werden, bis sie dem Menschen gefällt und seinen Vorstellungen entspricht. Sie ist über jeden Modetrend erhaben und nicht abhängig von dem jeweiligen Wissensstand. Denn diese Ordnung ist ein göttlicher Maßstab. Und da, wo der irdische Vater die Ordnungen des himmlischen Vaters anerkennt, ist Hoffnung. Da wird er seinen Kindern sagen,

- daß es ohne Gott keine Gerechtigkeit gibt, auch wenn jeder glaubt, im Recht zu sein;
- daß ohne Gott kein Friede auf dieser Erde zustande kommt, auch wenn die Welt von Friedensbemühungen widerhallt;
- daß ohne Gott die Liebe ein Betrug ist, auch wenn alle Welt von Liebe spricht;
- daß ohne Bindung an den Vater im Himmel keine Freiheit möglich ist, auch wenn die große Freiheit ausgerufen wird, die durch Selbstverwirklichung erstrebt werden soll;
- daß nur in Gott die Sehnsucht des Menschen letzte Erfüllung findet; weil Gott das höchste Ziel des Menschen ist.

Und dort, wo ein Vater sich Gott unterstellt, werden die Familien gesunden. Und diese gesundeten Familien werden dann eine positive Auswirkung auf die Gesellschaft haben, so daß der Segen Gottes sichtbar werden kann.

ANMERKUNGEN

Zu: Einleitung

[1] Schultz, H.J. (Hg.), *Vatersein*, dtv 1984, S. 160
[2] Härtling, P. (Hg.), Die Väter, Frankfurt 1968, S. 51 zitiert in: Götzner, J. (Hg.), *Der Vater*, Fischer TB 1983
[3] Schoeck, H., *Kinderverstörung*, MUT-Verlag, Asendorf 1987
[4] Matth. 10,21

Zu: Erster Teil

I. Das negative Vaterbild und sein Einfluß auf die Persönlichkeitsentwicklung des Kindes

[1] arbeitssüchtig, amerikanischer Ausdruck, angelehnt an alkoholsüchtig
[2] Biller, H.B., The Father and Sex Role Development, in: *The Role of the Father in Child Development*, 2. Aufl., Lamb, M. (Hg.), John Wiley & Sons, New York 1981 (abgek.: *The Role*)
[3] ebenda
[4] ebenda
[5] ebenda
[6] Haneok, M. & Mains, K.B., *Child Sexual Abuse*, Harold Shaw Publishers
[7] Schlesinger, B. (Hg.) *Sexual Abuse of Children*, Wheaton, Illionois, 1987

II. Die Wandlung des Vaterbildes

[1] Katz, M.M. & Konner, M.I., The Role of the Father: An Anthropological Perspective, in: *The Role*
[2] ebenda
[3] ebenda
[4] ebenda
[5] Visser't Hooft, *Gottes Vaterschaft im Zeitalter der Emanzipation*, Ev. Verlagswerk, Verlag Josef Knecht, 1982 (abgek.: *Gottes Vaterschaft*)
[6] Leslie, G.R., *The Family in Social Context*, 6. Auflage, Oxford University Press, New York Oxford 1985, Seite 114-121 (abgek.: *The Family in Social Context*)
[7] Visser't Hooft, *Gottes Vaterschaft*;
Valsiner, J., The Father's Role in the Social Network of a Soviet Child: The Nationalization of the Family, in: *The Role*
[8] Leslie, G.R.; Korman, S.K., *The Family in Social Context*, S. 79-107
[9] Bloom-Feshbach, J., Historical Perspectives in the Father's Role, in: *The Role*
Visser't Hooft, in: *Gottes Vaterschaft*
[10] Leslie, G.R.; Korman, S.K., *The Family in Social Context*, S. 121-127
[11] ebenda S. 149-153
[12] Clarke-Stewart, A., Friedmann, S., Koch, I., *Child Development*, John Wiley & Sons, New York 1985, S. 86
[13] Wilhelm, R., Frühling und Herbst des Herrn Lü, zitiert in Visser't Hooft, *Gottes Vaterschaft*
[14] Leslie, G.R., *The Family in Social Context*, S. 143–149; Perlitt, L. Der Vater im Al-

ten Testament, in: Tellenbach (Hg.) *Das Vaterbild in Mythos und Geschichte*, Verlag Kohlhammer, 1976

[15] 5. Mose 6,7
[16] 2. Mose 20,12
[17] Leslie, G.R., Korman, S.K., *The Family in Social Context*, S. 121–127
[18] ebenda, S. 173-175
[19] Visser't Hooft, *Gottes Vaterschaft*
[20] ebenda
[21] ebenda
[22] 4 v. Chr. bis 65 n. Chr.
[23] 264 – 146 v. Chr.
[24] Visser't Hooft, *Gottes Vaterschaft*
[25] ebenda
[26] 234 – 149 v. Chr.
[27] 87 – 35 v. Chr.
[28] Visser't Hooft, *Gottes Vaterschaft*
[29] 59 v. bis 17. n. Chr.
[30] ebenda
[31] Römer 1,21 ff.
[32] Leslie, G.R., Korman, S.K., *The Family in Social Context*, S. 174
[33] 2. Mose 20
[34] Clarke-Stewart, A., Friedman, S., Koch, I., *Child Development*, S. 4–5
[35] Olaf Palme in *Choate*, 1971
[36] Clarke-Stewart, Friedman, Koch, I., *Child Development*, S. 466
[37] 2. Kön. 5,13; 1. Sam. 24,12
[38] 1. Tim. 1,2
[39] Phil. 10
[40] 1. Petr. 5,13
[41] 1. Joh. 2,1
[42] Visser't Hooft, *Gottes Vaterschaft*
[43] ebenda
[44] Matth. 6,24
[45] Visser't Hooft, *Gottes Vaterschaft*
[46] ebenda
[47] Matth. 23,9

III. Der Mensch in der Revolte

[1] 1632-1677 Philosoph
[2] 1694-1778
[3] 1770-1830
[4] 1729-1781
[5] 1749-1832
[6] 1844-1900
[7] Nietzsche, Fischer Bücherei, 1956
[8] 1818-1883
[9] 1856-1938
[10] 1879-1955

[11] Visser't Hooft, *Gottes Vaterschaft*
[12] ebenda
[13] Richter 4,4
2. Mose 15,20
[14] das Buch Esther
[15] Adler, A., *Studie über Minderwertigkeit von Organen*, Fischer, 1977
[16] Visser't Hooft, *Gottes Vaterschaft*
[17] ebenda
[18] ebenda
[19] Prediger 1,9
[20] Visser't Hooft, *Gottes Vaterschaft*
[21] ebenda
[22] Crankshaw, E., *Bismarck*, List Verlag, München, 1981
[23] Ebeling, H., *Die Reise in die Vergangenheit*, Bd. IV, Georg Westermann, 1972, S. 215
[24] Visser't Hooft, *Gottes Vaterschaft*
[25] Clark-Stewart, A., Friedman, S., Koch, I., Child Development, S. 86

IV. Die Vaterlosigkeit

[1] Biller, H.B., Father Absence, Divorce and Personality Development, in: *The Role*, S. 536
[2] Swinart, J., Brigham, S.L., *Helping Children of Divorce*, Intervarsity Press Downers Grove Illinois 60515
[3] Paternal Deprivation: *Family, School, Sexuality and society*, Lexinton Mass Heath 1976
[4] Brill, N.D. & Listen, E.H., Paternal Loss, in: *Adults with emotional disorders*, Archives of general Psychiatry 1966, 14, 307-314
[5] Hart, A.D., *Children and Divorce*, Word Books, Publisher Waco, Texas, 1982
[6] Biller, H.B., The Father and Sex Role Development, in: *The Role*
[7] ebenda
[8] Money, J. & Ehrhardt, A., *Man and woman, Boy and Girl*, Baltimore: Johns Hopkins University Press, 1972
[9] Rekers, G.A., *Shaping your child's sexual identity*, Baker Book House, Grand Rapids, Michigan, 1982
[10] Jacobsen, G. & Ryder, R.G., Parental loss and some characteristics of the early marriage relationship, *American Journal of Orthopsychiatry*, 1969, 39, 779-787
[11] Biller, H.B., Father Absence, Divorce and Personality Development, in: *The Role*
[12] Rekers, G.A., *Shaping your child's sexual identity*
[13] Biller, H.B., Father Absence, Divorce and Personality Development, in: The Role
[14] Radin, N., *The Role of the Father in Cognitive, Academic and intellectual Development*, in: The Role
[15] Mischel, W., Father Absence and delay of gratification, *Journal of Abnormal and social Psychology*, 1962, 62 116-124
[16] Biller, H.B., Father Absence, Divorce and Personality Development, in: *The Role*
[17] ebenda
[18] Meerloo, J.A.M., The Father cut the cord, The Role of the father as initia transparence figure in: *American Journal of Psychotherapy*, 1956, 10 471-480

[19] Hoffmann, M.L., *Fatherabsence and conscience development, Developmental Psychology,* 1971, 4 400-406
[20] Biller, H.G., Father Absence, Divorce and Personality Development, in: *The Role*
[21] ebenda
[22] Esther 2,15

Zu: Zweiter Teil

V. Auf der Suche nach dem Vater

[1] Mitscherlich, A., *Auf dem Weg zur vaterlosen Gesellschaft,* R. Piper & Co. Verlag München Zürich, 1973
[2] ebenda
[3] ebenda
[4] Maleachi 3,24
[5] Horie M., *Achtung Fehlschaltung,* R. Brockhaus, Wuppertal, 1986
[6] Horie, M.u.H., *Verstanden werden und Verstehen,* R. Brockhaus, Wuppertal, 1988
[7] Parke, R.D., Tinsley, B.R., The Father's Role in Infancy, Determinants of Involvement in Caregiving, in: *The Role of the Father in Child Development*
[8] Erikson, E., *Childhood and Society,* 2. Aufl., W.W. Norton & Co., New York, 1963
[9] Mächtlinger, V.J., The Father in Psychoanalytic Theory, in: *The Role*
[10] Biller, H.B., The Father and Sex Role Development, in: *The Role*
[11] Lickona, Th. (Hg.), *Moral Development and Behavior,* Holt, Rinehart and Winston, New York, 1976
[12] Matth. 5,43ff.
[13] Hoffmann, M.L., The Role of The Father in Moral Internalization, in: *The Role*
[14] 2. Kor. 1,8
[15] Sprüche 11,12
[16] Sprüche 12,23
[17] Sprüche 15,18
[18] Sprüche 16,14
[19] Joh. 2,14
[20] 1. Mose 25,27
[21] Matth. 11,29
[22] Eph. 5,21 ff.
[23] Hoffmann, M.L., The Role of the Father in Moral Internalization, in: *The Role*
[24] Sears, P.S., Child rearing Factors related to playing of sex-typed roles, in: *American Psychologist* 1953,8,431
[25] Schoeck, H., *Kinderverstörung,* MUT-Verlag Asendorf, 1987
[26] Biller, H.B., The Father and Sex Role Development, in: *The Role*
[27] Rodin, N., The Role of the Father in Cognitive, Academic and Intellectual Development, in: *The Role*
[28] 2. Mose 19,6; Jes. 61,6; 1. Petr. 2,6
[29] 2. Mose 12,26
[30] 5. Mose 6,7
[31] Jes. 38,19
[32] Hiob 1,5

[33] Phil. 3,13
[34] Jes. 43,18
[35] Joh. 14,8
[36] Joh. 20,15
[37] Luk. 24,31
[38] Joh. 14,6
[39] Luk. 2,19
[40] Joh. 10,15
[41] Joh. 8,29
[42] Joh. 10,30
[43] Joh. 16,15
[44] Joh. 8,49
[45] Joh. 4,34
[46] Matth. 3,17
[47] Joh. 5,19
[48] Jer. 31,20
[49] Matth. 6,8
[50] 2. Tim. 2,13
[51] Joh. 16,27
[52] Matth. 10,31; Matth. 28,10; etc.
[53] Joh. 8,44
[54] Psalm 147,3
[55] Luk. 15

Fremdwörter-Verzeichnis

Adoleszenz	= Jugendalter
Adrenalin	= im Nebennierenmark gebildetes Hormon
Agrarkultur	= Landwirtschaft
anal	= von anus (lat.), After
analytisch	= zergliedernd
Anarchismus	= Lehre von der Verneinung der Staatsgewalt und -Ordnung
Dekadenz	= Verfall, Niedergang
Diffamierung	= Verleumdung, Herabsetzung des Ansehens
Elektra-Komplex	= das weibliche Gegenstück zum Ödipus-Komplex
Feudalismus	= Lehnwesen, Adelsherrschaft
Guru	= religiöser indischer Lehrer, bei den Sumerern: Tempeldiener
Hortikultur	= Kleingärtnerkultur, für den eigenen Bedarf
Infantilismus	= körperliches oder seelisch-geistiges Stehenbleiben auf kindlicher Entwicklungsstufe
Inzest	= Blutschande, engste Inzucht
lethargisch	= starke Schläfrigkeit, Interessenlosigkeit
Narzismus	= nach Narkissos der griech. Sage: schöner, in sich selbst verliebter Jüngling wird in eine Narzisse verwandelt. In der Psychoanalyse: Verliebtheit in das eigene Ich
Motorik	= Bewegungsfunktion
Ödipal	= nach der griech. Sagengestalt des Ödipus, der seine eigene Mutter heiratete; blutschänderische Wunschvorstellung
Patriarchat	= Herrschaft des Vaters, Männergesellschaft
Potential	= physikalisches Maß für Kraftfeld
Suizid	= Selbstmord
symbiotisch	= Lebensgemeinschaft, bei der eine gegenseitige Förderung der Lebensinteressen der »Symbioten« stattfindet
Tiara	= ursprünglich Turban mit Goldreif der pers. Könige, seit 1300 Päpstliche Krone, dreireifig: Hirten-, Lehr- und Priesteramt, seit 16. Jh. mit Reichsapfel und Kreuz

Von den gleichen Verfassern:

Stufen der Befreiung
Scheitern und Neubeginn

120 Seiten, ABCteam-Paperback, Bestell-Nr. 12360

Dr. Michiaki Horie, bekannt durch seine Seminartätigkeit im In- und Ausland und zahlreiche Veröffentlichungen, legt hier – wieder gemeinsam mit seiner Frau – ein neues Buch vor, das Hintergründe des Scheitern aufdeckt und Stufen der Befreiung zeigt. Ein zuversichtliches Buch, das noch im Scheitern Hoffnung weckt.

Das verlorene Ich
Vom Minderwertigkeitsgefühl zur Selbstfindung

96 Seiten, R. Brockhaus Taschenbuch, Bestell-Nr. 20368

Die Minderwertigkeitskomplexe mit ihren vielerlei Auswirkungen sind zu einer Volkskrankheit geworden. Aggressionen und Depressionen, Ehekonflikte und Hungerkrankheiten haben hier ihren für viele unsichtbaren Herd. Wie kommt man heran, und wie kommt es zur Heilung? Dr. Horie zeigt den Weg.

Verstanden werden und verstehen

64 Seiten, R. Brockhaus Taschenbuch, Bestell-Nr. 20416

Das menschliche Miteinander bringt nicht nur Vorteile mit sich, sondern verursacht auch massive Probleme. Die negativen Auswirkungen einer gestörten zwischenmenschlichen Beziehung zeigen sich überall da, wo Menschen unterschiedlicher Prägung keine Möglichkeit haben, einander auszuweichen, etwa am Arbeitsplatz, im Klassenraum oder den »eigenen vier Wänden«. Je intensiver eine gemeinsame Lebensgestaltung ist, desto leichter kommt es zu Kommunikationsstörungen. Diese Störungen können so massiv sein, daß sie wie ein Virus die Substanz einer Gemeinschaft vergiften, bis diese schließlich auseinanderbricht und u. U. eine lebenslange Verwundung hinterläßt oder gar den einzelnen zu einem psychischen Krüppel macht, der letztlich nicht lebensfähig ist.
In dem vorliegenden Buch wollen wir uns daher mit der Verständigung auseinandersetzen, indem wir zunächst Formen einer gestörten Kommunikation aufzeigen, sodann einige grundsätzliche Überlegungen anschließen, um endlich miteinander neue Wege zu einer gesunden Kommunikation zu suchen. Denn Kommunikation kann man erlernen!

R. BROCKHAUS VERLAG WUPPERTAL

Achtung: Fehlschaltung!

Sind seelische Störungen vermeidbar?

80 Seiten, R. Brockhaus Taschenbuch, Bestell-Nr. 20313

»Ich werde oft gefragt: ›Warum versage ich überall, und warum gibt es in meinem Leben so viele Fehlschläge?‹ – Dabei stelle ich jedesmal fest, daß es irgendwo in diesem Leben zu einer Fehlschaltung gekommen ist und daß sich im Laufe der Zeit diese Einstellung wiederholt und gefestigt hat.«
Anhand von zahlreichen Beispielen aus seiner langjährigen nervenärztlichen Praxis deckt Dr. M. Horie nicht nur die Hintergründe psychischer Störungen auf, sondern zeigt auch, wie eine Fehlschaltung korrigiert werden kann. Hier ist ein Buch, das Menschen, die an Depressionen leiden oder in den zwischenmenschlichen Beziehungen – sei es in der Ehe, in der Familie oder am Arbeitsplatz – Schwierigkeiten haben, über die psychotherapeutische Schulmedizin hinaus durch das Evangelium von Jesus Christus eine Wegweisung gibt.

Umgang mit der Angst

104 Seiten, R. Brockhaus Taschenbuch, Bestell-Nr. 20388

Angst gehört zu unserem Leben. Solange wir auf dieser Erde sind, werden wir Angst erfahren. Es wäre sinnlos, sie zu leugnen. Wir können zwar versuchen, sie zu überspielen; aber damit ist sie noch nicht besiegt.
In meine Sprechstunde kommen mehr und mehr Menschen – sie kommen von weit her – gezeichnet von der Angst; einer Angst, die lähmt und jegliche Lebensfreude raubt; einer Angst, die das Leben von innen her langsam zerstört. Und dann versuchen wir gemeinsam, diesem hinterhältigen Feind auf die Spur zu kommen.
Wer von den quälenden Angstsymptomen befreit werden will, muß kämpfen. Dieses Buch soll dabei Hilfestellung bieten.

Mit der Seele per Du

Psychische Krankheiten und was wir tun können

112 Seiten, ABCteam-Paperback, Bestell-Nr. 12391

Ein weiteres Buch aus der Praxis des bekannten Neurologen und Psychiaters Dr. Horie. Die Themen reichen von Veranlagung, Ernährung, psychischen Krankheitsbildern, Kritik an modernen Therapieangeboten bis zur Person des Helfers, dem hier praktische Hilfestellung für die Beratungssituation gegeben wird. Das Buch ist aus der Praxis entstanden. Es soll kein Lehrbuch ersetzen, sondern ist als kurzer Leitfaden gedacht – eine Orientierungshilfe sowohl für den Hilfesuchenden als auch für den Helfer.